法律家のための
相続預貯金をめぐる実務

編集　本橋総合法律事務所

新日本法規

は　し　が　き

　昨今の新聞や週刊誌では、相続の記事が掲載されていない日はないといっても過言ではないだろう。超高齢社会となった現代では、老後の生活の不安と共に、自分や親、親族等の相続問題が、人々の極めて関心の高い法的問題となっている。そして、老後の生活資金あるいは遺産として、最も多くの人の持つ財産が預貯金であることは論をまたないであろう。

　預貯金は最も身近な財産であるが、その相続問題について、必ずしも議論が尽くされているとはいえない。平成28年12月19日の最高裁大法廷決定の後においても、遺産分割の対象となる預貯金の基準時点や相続預貯金の差押えの効力、手続等は、今後の問題として残されている。さらに、相続法改正に伴い、遺産分割前に払い戻された預貯金や使途不明金を遺産分割で考慮する場合の問題点や、遺留分侵害額請求権の保全の方法等、実務でも検討すべき課題が多くある。

　本書は、前書『死因贈与の法律と実務』と同様に、当事務所の所属弁護士が分担して執筆したものである。もとより浅学の身で至らない点が多いとは思うが、多少でも預貯金の相続実務に携わる弁護士、税理士、司法書士等の参考になれば幸いである。

　本書の出版に当たっては、前書と同様に、新日本法規出版株式会社の加賀山量氏に大変にお世話になった。ここに深くお礼を申し上げる。

　当事務所は、今後とも実務の傍ら、研究、勉強を続けていく所存なので、ご指導、ご批判をいただけるとありがたいと思う。

　令和元年10月

本橋総合法律事務所

弁護士　本橋　美智子

編集・執筆者一覧

《編　集》
　本橋総合法律事務所

《執筆者》
　本橋総合法律事務所

　　本　橋　美智子（弁護士）
　　　　（執筆担当）はじめに・第1章第1・第2・第3
　　　　　　　　　　第2章【1】・【2】・【3】・【14】

　　本　橋　光一郎（弁護士）
　　　　（執筆担当）第1章第4・第5・第9
　　　　　　　　　　第2章【5】・【6】・【8】・【9】・【10】
　　　　　　　　　　【11】・【15】

　　下　田　俊　夫（弁護士）
　　　　（執筆担当）第1章第7・第8
　　　　　　　　　　第2章【4】・【13】

　　篠　田　大　地（弁護士）
　　　　（執筆担当）第1章第6・第10・第11
　　　　　　　　　　第2章【7】・【12】

略　語　表

＜法令の表記＞

　根拠となる法令の略記例及び略語は次のとおりである（〔　〕は本文中の略語を示す。）。

　　民法第970条第1項第1号＝民970①一

民	民法	遺言保管	法務局における遺言書の保管等に関する法律
改正民〔改正民法〕	民法及び家事事件手続法の一部を改正する法律（平成30年法律72号）による改正後の民法	家事	家事事件手続法
		弁護士	弁護士法
		民執	民事執行法
改正前民〔改正前民法〕	民法及び家事事件手続法の一部を改正する法律（平成30年法律72号）による改正前の民法		

＜判例等の表記＞

　根拠となる判例等の略記例及び出典の略称は次のとおりである。

　　最高裁判所平成29年4月6日判決、判例時報2337号34頁＝最判平29・4・6判時2337・34

判時	判例時報	税資	税務訴訟資料
判タ	判例タイムズ	賃社	賃金と社会保障
家月	家庭裁判月報	民集	最高裁判所（大審院）民事判例集
金判	金融・商事判例		
金法	金融法務事情	民録	大審院民事判決録
裁判集民	最高裁判所裁判集民事	裁事	裁決事例集
訟月	訟務月報		

目　次

はじめに

ページ

1　預貯金の相続の重要性……………………………………………3

2　使途不明金問題の増加……………………………………………3

3　最高裁大法廷平成28年12月19日決定の影響……………………4

4　民法の改正…………………………………………………………4

5　本書の狙い…………………………………………………………5

第1章　相続預貯金の法律知識

第1　預金契約の法的性質

1　消費寄託説…………………………………………………………9

2　無名契約説…………………………………………………………9

3　判　例………………………………………………………………10

4　近年の学説…………………………………………………………11

　(1)　預金口座と預金債権の区分説（枠契約説）…………………11

　(2)　預金債権の法的性質…………………………………………12

5　平成29年法律44号による改正後の民法の条文…………………13

第2　預貯金の相続に関する基本的法律論

1　預金者の死亡による預貯金契約の効力…………………………15

　(1)　消費寄託契約と解する説……………………………………15

（2）	消費寄託と委任又は準委任契約の混合契約と解する説	15
（3）	最高裁平成21年1月22日判決	16
（4）	預金者死亡の場合の銀行実務の取扱い	16

2　可分債権は、相続開始と同時に当然に分割されるか 16
　（1）　判例（分割債権説） 16
　（2）　学　説 19
3　可分債権が遺産分割の対象となるか 19
　（1）　実務（分割対象除外説と合意説） 19
　（2）　学説（二重の共有説・計数上の分割説） 19
4　預貯金債権は、可分債権か 20

第3　最高裁大法廷平成28年12月19日決定の内容

1　概　要 21
　（1）　事　案 21
　（2）　第一審・抗告審 21
　（3）　上告審 21
2　補足意見 23
　（1）　岡部喜代子裁判官の補足意見 23
　（2）　鬼丸かおる裁判官の補足意見 23
　（3）　木内道祥裁判官の補足意見 24
　（4）　大橋正春裁判官の意見 24
3　射程範囲及び今後の課題 25
　（1）　可分債権の分割債権説及び分割対象除外説 25
　（2）　預貯金債権の遺産分割の基準時 25
4　共同相続人に係る不動産から生ずる賃料 26

第4　預貯金と遺言

1　遺言の効果……………………………………………………………27

 (1)　包括遺贈・特定遺贈…………………………………………27

 (2)　相続分の指定…………………………………………………27

 (3)　遺産分割方法の指定…………………………………………27

 (4)　小　　括………………………………………………………27

2　預貯金と遺贈…………………………………………………………28

 (1)　法定相続人以外の者へ預貯金を特定遺贈する場合…………28

 (2)　法定相続人以外の第三者へ預貯金債権を含む相続財産
  が包括遺贈されている場合…………………………………29

 (3)　法定相続人へ預貯金債権を特定遺贈する場合………………30

3　預貯金と「相続させる」遺言（特定財産承継遺言又は相
 続分を指定する遺言）………………………………………………31

 (1)　遺言による相続分の指定と預貯金債権……………………31

 (2)　遺言による遺産分割方法の指定と預貯金債権……………32

4　遺言執行実務との関連………………………………………………34

5　預貯金の解約払戻し・名義変更……………………………………36

6　貸金庫の開扉…………………………………………………………36

 (1)　貸金庫契約の法的性質………………………………………36

 (2)　貸金庫と遺言書………………………………………………37

 (3)　判　　例………………………………………………………37

 (4)　一部相続人からの貸金庫開扉請求…………………………38

第5　預貯金と遺留分減殺・遺留分侵害額請求

1　従来の遺留分制度……………………………………………………39

 (1)　遺留分減殺請求権の法的性質………………………………39

 (2)　従来制度の問題点……………………………………………41

4　　　目　　次

2　改正後の遺留分制度……………………………………42
 (1)　遺留分侵害額請求の法的性質………………………42
 (2)　受遺者・受贈者の負担額……………………………42
 (3)　受遺者又は受贈者の保護……………………………43
3　預貯金と遺留分…………………………………………44
 (1)　預貯金と従来制度……………………………………44
 (2)　預貯金と改正後の扱い………………………………45

第6　金融機関に対する預貯金の払戻請求

1　遺言がない場合に行う相続預貯金の払戻請求……………47
 (1)　通常のケース…………………………………………47
 (2)　便宜払いの可否………………………………………52
 (3)　一部の相続人が相続放棄をした場合………………55
 (4)　限定承認がなされた場合……………………………57
 (5)　一部の相続人が相続分の放棄や譲渡を行っている場合……59
 (6)　相続人の一人が行方不明となっている場合………61
 (7)　相続人に未成年の子がいる場合……………………64
 (8)　預金者が死亡した後、さらに相続人が死亡した場合………66
 (9)　成年後見人が払戻請求する場合……………………68
2　遺言がある場合に行う相続預貯金の払戻請求……………70
 (1)　受益相続人が行う払戻請求…………………………70
 (2)　受遺者が行う相続預貯金の払戻し…………………74
 (3)　遺言執行者が行う払戻請求…………………………75
 (4)　遺言で指定された受益相続人や受遺者が既に死亡して
 　　いる場合………………………………………………77
 (5)　遺言と異なる遺産分割協議書を提出する場合……78
 (6)　遺言に不備がある場合………………………………80
 (7)　遺言において預貯金の特定が不十分な場合………82

第7 相続開始前の被相続人の預貯金の無断払戻し

1 問題の所在……………………………………………………84

2 遺産分割調停における使途不明金問題の取扱い…………85

  (1) 相続人全員の同意がなければ遺産分割の対象とならないこと……………………………………………………85

  (2) 使途不明金が特別受益となる場合…………………86

3 訴訟における使途不明金の請求と請求原因………………87

  (1) 不法行為（民法709条）………………………………87

  (2) 不当利得（民法703条）………………………………88

  (3) 委任又は準委任を根拠とする受取物引渡義務（民646）……89

4 被相続人の損害ないし損失…………………………………90

  (1) 不法行為における「損害」…………………………90

  (2) 不当利得における「損失」…………………………91

5 預貯金の引出行為……………………………………………92

  (1) 被告において引出行為に全く関与していないと主張する、あるいは、引出行為が長期間・多数回にわたるときにその一部を否認する場合（関与否認型）………………92

  (2) 引出行為に関与したことは認めつつ、被相続人が引き出すのを手伝った（金融機関まで付き添った）だけであるから、引出行為はあくまでも被相続人によるものであると主張する場合（補助主張型）…………………………93

  (3) 被告が自ら引き出したことを認めつつ、引き出した金銭を被相続人に交付したと主張する場合（本人交付型）……94

6 預貯金の引出権限の存否……………………………………94

  (1) 前提……………………………………………………95

  (2) 包括的な授権ないし承諾……………………………95

  (3) 個別的な授権ないし承諾……………………………96

  (4) 意思表示を介さない引出権限（夫婦の婚姻費用等）………98

7 払戻金の使途……………………………………………………98

（1） 被告が使途につき何ら説明しない場合……………………99

（2） 被告が一定の説明をするが、裏付ける証拠がない場合
（あるいは証拠が不十分の場合）……………………………99

（3） 払戻金は被相続人へ交付したと主張し、その使途は不
明であるとする場合……………………………………… 100

8 賠償請求又は返還請求し得る範囲……………………………… 100

9 使途不明金問題の訴訟………………………………………… 102

第8 相続開始後の遺産預貯金の無断払戻し

1 問題の所在…………………………………………………… 103

2 最高裁大法廷平成28年12月19日決定以前の考え方…………… 103

3 最高裁大法廷平成28年12月19日決定以後の考え方………… 104

（1） 払戻金を遺産分割の対象とする合意がある場合………… 104

（2） 払戻金を遺産分割の対象としない場合の不公平………… 104

4 相続法改正による変更（遺産の分割前に遺産に属する財
産を処分した場合の遺産の範囲の規定の新設）………………… 106

5 改正民法906条の2における取扱い…………………………… 107

（1） 遺産分割前に遺産に属する財産が全て処分された場合…… 107

（2） 遺産分割前に遺産に属する財産を処分したのが共同相
続人以外の第三者である場合…………………………… 108

（3） 改正民法906条の2第1項の共同相続人の同意の撤回……… 109

6 みなし遺産確認の訴え………………………………………… 109

第9 名義預金

1 名義預金の意義……………………………………………… 111

2 預金者の判断基準（対金融機関の訴訟）…………………… 111

（1） 客観説…………………………………………………… 111

(2)	主観説 ………………………………………………………	112
(3)	折衷説 ………………………………………………………	112
(4)	無記名定期預金 ……………………………………………	112
(5)	記名式定期預金 ……………………………………………	116
(6)	普通預金 ……………………………………………………	117

3 名義預金の判断基準……………………………………………… 120
　(1)　課税処分庁と納税者との間の係争 ……………………………… 120
　(2)　預金と相続財産（課税処分庁との係争） ……………………… 126
4 相続人ら間の係争………………………………………………… 127
　(1)　判断基準 …………………………………………………………… 127
　(2)　預金と遺産確認訴訟 ……………………………………………… 128
　(3)　争　点 ……………………………………………………………… 132
　(4)　遺産確認訴訟 ……………………………………………………… 133
　(5)　判決確定後 ………………………………………………………… 133
　(6)　被相続人の所有していた預貯金債権 ………………………… 134

第10　遺産の一部分割と仮分割仮処分

1 概　要………………………………………………………………… 135
2 遺産の一部分割…………………………………………………… 135
3 仮分割仮処分……………………………………………………… 135
　(1)　要　件 ……………………………………………………………… 136
　(2)　効　果 ……………………………………………………………… 137

第11　取引履歴等の開示

1 残高証明書や取引履歴の開示請求……………………………… 138
　(1)　概　要 ……………………………………………………………… 138
　(2)　最高裁平成21年1月22日判決…………………………………… 138

(3)　取引履歴の開示請求をする場合の実務上の留意点 ………… 139

　(4)　開示請求をする場合の必要書類 …………………………… 139

2　振込依頼書や払込伝票等の開示請求 …………………………… 139

　(1)　概　要 ………………………………………………………… 139

　(2)　開示請求の可否 ……………………………………………… 140

3　預貯金債権を取得しない相続人による請求 …………………… 141

　(1)　概　要 ………………………………………………………… 141

　(2)　遺留分減殺請求権 …………………………………………… 141

　(3)　相続法改正 …………………………………………………… 141

4　遺言執行者による請求 …………………………………………… 142

　(1)　概　要 ………………………………………………………… 142

　(2)　開示請求の可否 ……………………………………………… 142

　(3)　遺言執行者の職務との関係 ………………………………… 143

5　預貯金解約後の請求 ……………………………………………… 144

　(1)　概　要 ………………………………………………………… 144

　(2)　開示請求の可否 ……………………………………………… 144

6　弁護士会照会による開示請求 …………………………………… 146

　(1)　概　要 ………………………………………………………… 146

　(2)　弁護士会照会への回答義務の存否 ………………………… 146

　(3)　弁護士会照会による取引履歴の開示請求 ………………… 146

7　裁判所の送付嘱託による開示請求 ……………………………… 147

　(1)　概　要 ………………………………………………………… 147

　(2)　文書送付嘱託への回答義務 ………………………………… 147

　(3)　文書送付嘱託による取引履歴の開示請求 ………………… 148

目　　次　　9

第2章　ケーススタディ

【1】　相続開始前に被相続人の多額の預貯金が払い戻されているケース

1　被相続人の預貯金の調査………………………………………151

2　預貯金の取引経過に基づく使途不明金の推定…………………152

　(1)　払戻者の問題………………………………………………152

　(2)　払戻額の問題………………………………………………152

3　使途不明金と推定される可能性が高い場合の法的手続………152

　(1)　遺産分割調停の申立て……………………………………152

　(2)　不当利得返還請求訴訟ないし不法行為に基づく損害賠償請求訴訟………………………………………………………154

【2】　相続開始前に払い戻された被相続人の預貯金を取り戻すために提訴するケース

1　不当利得か不法行為か…………………………………………155

2　不当利得返還請求の要件事実…………………………………155

　(1)　請求原因説…………………………………………………156

　(2)　抗弁説………………………………………………………156

3　実際の主張・立証………………………………………………156

　(1)　被告による払戻金の取得…………………………………157

　(2)　被告に預貯金の払戻権限がないこと……………………158

　(3)　原告が被相続人の被告に対する不当利得返還請求権を相続により取得したこと…………………………………158

【3】　相続開始後に被相続人の多額の預貯金が払い戻されているケース

1　相続法改正前の遺産分割………………………………………159

2　相続法改正後の遺産分割……………………………………160

　3　相続法改正後のみなし遺産確認訴訟………………………161

　4　不法行為ないし不当利得返還請求訴訟……………………162

【4】　相続開始後に相続人の一人が被相続人の預貯金を払い戻して使ってしまっているケース

　1　相続法改正前の取扱い………………………………………163

　（1）　遺産分割の対象に含めることに合意できる場合…………163

　（2）　遺産分割の対象に含めることに合意できない場合………164

　2　相続法改正後の取扱い………………………………………165

　（1）　改正民法906条の2………………………………………165

　（2）　代償財産をみなし遺産とすることの可否…………………166

【5】　相続財産と相続税の関係で名義預金が問題となるケース

　1　相続税申告・更正処分・その後の不服申立手続等の流れ……167

　2　名義預金の判断基準…………………………………………170

　3　納税者としての主張・立証…………………………………170

　4　参考となる裁決事例…………………………………………171

　5　審判所判断……………………………………………………172

【6】　遺産分割の際に名義預金が問題となるケース

　1　事前調査………………………………………………………173

　2　遺産分割調停での解決………………………………………174

　3　遺産確認訴訟…………………………………………………174

　4　判決後の手続…………………………………………………175

　5　参考判例………………………………………………………176

【7】 被相続人に後見が開始されているケース

1 後見人からの遺産の引継ぎ………………………………………………178
2 親族後見人に対する責任追及……………………………………………179
　(1) 調　査………………………………………………………………179
　(2) 遺産分割調停………………………………………………………180
　(3) 損害賠償請求訴訟…………………………………………………180
3 国家賠償責任訴訟の可否…………………………………………………181
4 参考判例……………………………………………………………………181

【8】 預貯金債権を承継させる遺言（特定財産承継遺言）のあるケース

1 改正民法適用前である場合………………………………………………184
2 改正民法適用後である場合………………………………………………185
3 書式例………………………………………………………………………186

【9】 相続財産に預貯金があり財産目録を添付するケース

1 改正民法968条の定め ……………………………………………………188
2 書式例………………………………………………………………………189
3 施行日………………………………………………………………………190

【10】 預貯金を特定の相続人に相続させる旨の遺言が他の相続人の遺留分を侵害しているケース

1 遺留分減殺請求・遺留分侵害額請求の意思表示………………………192
2 遺留分減殺調停・遺留分侵害額調停……………………………………193
3 遺留分減殺請求訴訟・遺留分侵害額請求訴訟…………………………193
4 預貯金についての遺留分権利者の権利行使方法等……………………194

| 5 | 遺留分減殺請求の順序の指定 | 195 |
| 6 | 参考判例 | 196 |

【11】 侵害された遺留分を請求するために侵害額を算定するケース

1	遺留分の額	198
2	遺留分侵害額	199
3	遺留分侵害額の算定（④についての回答）	199
4	債務弁済（⑤についての回答）	200

【12】 認知症の被相続人が預貯金を特定の相続人に相続させる遺言をしているケース

1	事前調査	201
2	遺言無効調停	202
3	遺言無効確認請求訴訟	203
4	判決後の手続	203
5	参考判例	203

【13】 被相続人の債権者が被相続人の預貯金から債権を回収するケース

1	相続債権者による相続預金への差押えの可否	205
2	相続債権者による相続預金の取立ての可否	206
3	預金債権との相殺の可否	208

【14】 相続開始後に預金口座に入金された賃料の遺産分割方法が問題となるケース

| 1 | 相続開始後の相続不動産の賃料の遺産性 | 210 |

2 賃料を遺産分割の対象財産とする合意がある場合……………211

3 不法行為又は不当利得返還請求訴訟……………………………212

4 家賃から控除できる経費………………………………………212

5 相続開始後に被相続人の預金口座に振り込まれた家賃の
分割方法………………………………………………………213

【15】 遺言執行者が預貯金や投資信託の解約・払戻しを請求するケース

1 改正民法1014条2項・3項の定め………………………………215

2 遺言執行者と預貯金債権の払戻し・解約申入れ………………216

3 遺言執行者と投資信託の払戻し・解約申入れ…………………216

4 預貯金の全部あるいは一部についての解約申入れ……………217

5 預貯金・投資信託の名義変更…………………………………218

索 引

○事項索引………………………………………………………221

○判例年次索引…………………………………………………226

はじめに

2

1 預貯金の相続の重要性

　超高齢社会となった日本においては、現在1年間で130万人以上が死亡しており、死亡者数は、今後も増加することは間違いない。

　そして、大正、昭和20年前後までに生まれた人は、戦後の高度成長の恩恵や質素倹約の生活態度もあいまって、相当な資産を築くことができた世代である。

　そして、その資産は、自宅不動産と預貯金が大部分を占めている。

　不動産は、バブル経済の崩壊後その価値が激減し、高齢化・少子化に伴い、特に地方の不動産は、プラスの資産ではなく、マイナスの資産、「負動産」とまで揶揄される状況になっている。

　これに比して、預貯金は、預金金利の長期低迷によって利殖の意味は失ったものの、現在でも最も安全、便利な資産としての地位を失っていない。

2 使途不明金問題の増加

　高齢者の預貯金の管理は、親族等に依頼することが最も多い。

　高齢者が認知症等で判断能力が低下した場合であっても成年後見人を選任するケースは少ない。特に、近年、専門職成年後見人の増加に伴い、成年後見人報酬の問題や、成年後見人選任についての親族間の争い等も指摘され、成年後見人制度の利用は伸び悩んでいる。

　2017年のデータでは、成年後見人制度を利用しているのは、約21万人で、これは潜在的後見ニーズの僅か2％に過ぎないと言われている。

　このように、自分で預貯金管理ができなくなった高齢者の預貯金を管理しているのは、圧倒的に家族、親族である。

　そして、家族、親族等が高齢者の預貯金を管理していた場合には、相続開始後にその使途等をめぐって、相続人間で争いが生ずるケースが増加している。いわゆる使途不明金問題である。

3　最高裁大法廷平成28年12月19日決定の影響

　これまでの判例では、普通預貯金等は、可分債権として、相続開始と同時に相続分に応じて各相続人に分割されて帰属するから、普通預貯金等は遺産分割の対象とはならないと解されていた。

　そのため、各相続人が金融機関に対して、相続分に相当する預貯金の支払請求訴訟を提起することも多かった。

　しかし、平成28年最高裁大法廷決定は、これまでの判例を変更し、共同相続された普通預貯金債権は、相続開始と同時に当然に相続分に応じて分割されることはなく、遺産分割の対象となるものと判示した。

　この判例の実務への影響は多大なものがあり、遺産分割が終了しない限り、原則として被相続人の預貯金を払い戻すことができなくなった。

　そして、もちろん、遺産分割前に、各相続人が金融機関に対して、相続分に相当する預貯金の支払請求訴訟を提起することもできなくなった。

　この平成28年最高裁大法廷決定が、預貯金の相続実務に及ぼした影響は極めて大きいが、使途不明金等預貯金以外の可分債権といわれる財産の請求やこれが遺産分割においてどのように影響するか、相続債権者が被相続人の預貯金を差押え等する方法等、課題が残っており、今後、判例、実務が変更する可能性をはらんでいる。

4　民法の改正

　平成26年から検討されていた民法改正案が、平成30年7月に成立、公布され、主な改正法は、令和元年7月1日から施行された。

　この改正民法により、遺留分制度が物権的権利から遺留分侵害額請求権に改められたことから、預貯金の遺留分請求の方法等が大きく変わることとなった（改正民1046）。

また、家庭裁判所の判断を経ないで預貯金の払戻しができる制度の新設（改正民909の2）や、遺産の一部分割の明文化（改正民907）等、預貯金の相続に関する改正もされている。

5　本書の狙い

　このように預貯金の相続をめぐる問題は、平成28年最高裁大法廷決定及び民法改正を経て大きく変わったと共に、未解決の問題も残っている。

　本書では、相続においてほぼ100％直面する預貯金の相続問題を、実務に沿って解説し、多少なりとも預貯金の相続事案の解決に資することができればと願っている。

第1章

相続預貯金の法律知識

8

第1　預金契約の法的性質

まず、預金契約の法的性質が、学説、判例でどのように解されているかを説明する。

1　消費寄託説

従来の学説では、預金契約の性質は、消費寄託契約（民666）と解されていた。

我妻説は「銀行その他の金融機関に金銭を預入するのは、いうまでもなく、消費寄託である。」（我妻栄『債権各論中巻2』（岩波書店、1962）729頁）と述べているが、他方で、預金契約について「銀行を受寄者とする消費寄託（預金）には、単に個々的な契約として成立するのではなく、それに付随し、またはそれを包含する種々の約款と結合して、1個の包括的な契約を形成しているものが多い。」と述べ（我妻・前掲738頁）、当座預金、定期預金、普通預金のいずれも、単に消費寄託ではなく、1個の包括的な契約と解している。

2　無名契約説

消費寄託説と実質的にどの程度異なるのかは疑問であるが注釈民法は、「一様に伝統的な契約典型によって律することは不適当であろう。特に、最近は、各種預金に関する普通取引約款の発達がいちじるしく、多くの場合、かかる約款の定めるところによって処理せられ、その足らざるところを民法の寄託や消費貸借あるいは委任に関する規定の類推適用によって補充することになるものと考えられる。」（幾代通＝広中俊雄編『新版注釈民法(16)債権(7)』〔打田俊一＝中馬義直〕（有斐閣、1989）396頁）と述べて、無名契約説を採っているように思える。

3 判 例

主要な判例において、預金契約は、以下のとおり解されている。

① 東京地裁平成6年7月29日判決（金法1424・45）

普通預金の預金者が、口座名義人か預金の実質的出捐者かが争われた事案で、判旨は「普通預金は、取引開始の際に、預金者と銀行との間で約定書を作成して払込み払戻しの方法、利息等について契約を締結し、預け入れられた金額は常に既存の残高と合計された一個の債権として取り扱われ、預入れごとに金額を区分けして取り扱うことはおよそ予定されていないものであるから、一個の包括的な契約が成立しているものと解すべきであり、個々の預入金ごとに各別の預金債権が成立するとみることはできない。」と述べている。

この判決は、高裁でも維持されている（東京高判平7・3・29金法1424・43）。

② 最高裁平成21年1月22日判決（判時2034・29）

これは、預金者の共同相続人の一人が、信用金庫に対し、入出金明細表の開示を求めた事案である。

最高裁は、預金契約の性質について「預金契約は、預金者が金融機関に金銭の保管を委託し、金融機関は預金者に同種、同額の金銭を返還する義務を負うことを内容とするものであるから、消費寄託の性質を有するものである。しかし、預金契約に基づいて金融機関の処理すべき事務には、預金の返還だけでなく、振込入金の受入れ、各種料金の自動支払、利息の入金、定期預金の自動継続処理等、委任事務ないし準委任事務（以下「委任事務等」という。）の性質を有するものも多く含まれている。」と述べている。

そして、委任契約、準委任契約における受任者の委任事務等の処理状況を報告すべき義務（民645・656）に基づき金融機関は、預金者の求めに応じて預金口座の取引経過を開示すべき義務を負うと解し

第1章　相続預貯金の法律知識　　11

ている。

③　平成28年最高裁大法廷決定

　　これは、後に詳述するように、共同相続された普通預金債権、通常貯金債権及び定期貯金債権は、相続開始と同時に当然に相続分に応じて分割されることなく、遺産分割の対象となると判示した極めて重要な判例である。

　　この決定は、預金債権の性質については、上記②の最高裁平成21年1月22日判決を引用している。

　　そして更に、預貯金債権について、以下のように述べている。

　　「普通預金契約及び通常貯金契約は、一旦契約を締結して口座を開設すると、以後預金者がいつでも自由に預入れや払戻しをすることができる継続的取引契約であり、口座に入金が行われるたびにその額についての消費寄託契約が成立するが、その結果発生した預貯金債権は、口座の既存の預貯金債権と合算され、1個の預貯金債権として扱われるものである。また、普通預金契約及び通常貯金契約は、預貯金残高が零になっても存続し、その後に入金が行われれば入金額相当の預貯金債権が発生する。このように、普通預金債権及び通常貯金債権は、いずれも、1個の債権として同一性を保持しながら、常にその残高が変動し得るものである。」

　　このように現在の判例は、①預金契約の法的性質については、消費寄託契約と委任ないし準委任契約の性質を有する、②普通預貯金については、口座に入金が行われるたびにその額について消費寄託契約が成立するが、その結果発生した預貯金債権は、口座の既存の預貯金債権と合算して、1個の預貯金債権となると解している。

4　近年の学説

(1)　預金口座と預金債権の区分説（枠契約説）

近時の学説では、預金債権と預金口座を区別する説が強くなってい

る。

　森田説は、「預金債権は、消費寄託契約に基づいて、金銭の交付等により成立するものであるが、預金口座は、その契約締結時に金銭の寄託がなくても成立しうるものであり、また残高がゼロになっても存続する。このことからすると、預金口座に関する合意（以下「預金口座契約」という。）は、消費寄託に基づく預金債権とは独立に観念しうるものである。そして、個別の預金債権は、預金口座に組み込まれて管理されることにより、預金口座契約の対象となり、その行使について預金口座に関する契約上の規律に服することになる。その意味で、預金口座契約は、預金債権を対象とする「枠契約」としての性質を有するものと捉えることができよう。以上からすれば、預金契約は、継続的な消費寄託契約と預金口座契約の複合的な法律関係として捉えることができる。」（森田宏樹「可分債権の遺産分割における取扱い」論究ジュリスト20号16頁（2017））と述べている。

　また、このような説を枠契約説と呼び、「枠契約説は、預金契約を、これに基づく個別取引によって金銭消費寄託その他の役務の提供がなされることを保障する枠組みを提供する、期限の定めのない継続的契約であるとするものである。」（織田博子「非典型契約の総合的検討(5)預金契約」NBL925号114頁（2010））と説明するものもある。

（2）　預金債権の法的性質

　また、預金債権の法定性質については、「普通預金や当座預金といった決済性預金においては、個々の預入金ごとに預金債権が成立しているわけではなく、ある時点までのすべての個別の入金と支払とを差引計算した残高（バランス）として、その時点における『暫定的な一個の残高債権』が存在しているだけである。」（中田裕康＝道垣内弘人編『金融取引と民法法理』〔森田宏樹〕（有斐閣、2000）143頁）と解されている。

　この考え方は、表現の違いはあるとしても、上記3の②③の判例の考

第1章　相続預貯金の法律知識　　13

え方と同様のものである。

5　平成29年法律44号による改正後の民法の条文

　民法は、消費寄託について、消費貸借の規定を準用している（民666）。

　これに対し、平成29年法律44号の改正では民法666条を、以下のように規定している。

○民　法

（消費寄託）

第666条　受寄者が契約により寄託物を消費することができる場合には、受寄者は、寄託された物と種類、品質及び数量の同じ物をもって返還しなければならない。

2　第590条及び第592条の規定は、前項に規定する場合について準用する。

3　第591条第2項及び第3項の規定は、預金又は貯金に係る契約により金銭を寄託した場合について準用する。

　そして、平成29年法律44号による改正後の民法591条は消費貸借の返還の時期の規定であり、2項及び3項は、以下のように規定している。

○民　法

（返還の時期）

第591条

2　借主は、返還の時期の定めの有無にかかわらず、いつでも返還をすることができる。

3　当事者が返還の時期を定めた場合において、貸主は、借主がその時期の前に返還をしたことによって損害を受けたときは、借主に対し、その賠償を請求することができる。

このように、平成29年法律44号による改正後の民法は、現民法には
なかった預貯金契約の規定を置き、預金契約を消費寄託契約と解した
上で、期限前の金銭の返還について、特則を設けたものである。

平成29年法律44号による改正後の民法は、666条3項以外にも、新た
に、466条の5（預金債権又は貯金債権に係る譲渡制限の意思表示の効
力）、477条（預金又は貯金の口座に対する払込みによる弁済）の規定
を設けている。

第1章　相続預貯金の法律知識　　15

第2　預貯金の相続に関する基本的法律論

次に、預貯金の相続に関する法律論を概観する。

1　預金者の死亡による預貯金契約の効力

(1)　消費寄託契約と解する説

預金者の死亡によって、預金契約が終了するかどうかについては、預貯金契約の法的性質の解釈によっても結論が異なる。

預金契約を消費寄託契約と解する説によれば、消費寄託には、消費貸借の規定が準用され（民666①）、消費貸借には、貸主の死亡によって終了する規定はないため、預金契約は寄託者である預金者の死亡により当然に終了することにはならない。

平成28年最高裁大法廷決定についての最高裁判所判例解説の注においても「普通預金契約には委任又は準委任の性質も含まれるが、預貯金契約の中心的な要素は飽くまで消費寄託であると解されるから、被相続人の死亡によって普通預金契約が当然に終了することはなく、共同相続人は、普通預金契約上の地位も承継する。」と述べられている（齋藤毅「判例解説」法曹時報69巻10号347頁（2017））。

(2)　消費寄託と委任又は準委任契約の混合契約と解する説

預金契約を消費寄託と委任又は準委任契約の混合契約と解する説によると、委任は、委任者又は受任者の死亡により終了する（民653一）から、預金契約は、委任者である預金者の死亡により終了すると解する余地がある。

学説で、この点について明確に述べたものは見当たらない。

しかし、判例では、最高裁平成4年9月22日判決（金法1358・55）は、委任者の死亡によって当然には終了することがない委任契約の存在を認

16　　第1章　相続預貯金の法律知識

めており、委任契約の性質を有する預金契約もその一種と考えることも可能であろう。

（3）　最高裁平成21年1月22日判決

最高裁平成21年1月22日判決（民集63・1・228）は、「預金者が死亡した場合、その共同相続人の一人は、預金債権の一部を相続により取得するにとどまるが、これとは別に、共同相続人全員に帰属する預金契約上の地位に基づき、被相続人名義の預金口座についてその取引経過の開示を求める権利を単独で行使することができる（民法264条、252条ただし書）というべきであり、他の共同相続人全員の同意がないことは上記権利行使を妨げる理由となるものではない。」と判示している。

この判例は、理由は述べていないが、預金者の死亡によって預金契約が終了しないことを前提としている。

そして、この判例は、「預金債権の帰属とは別に、共同相続人全員における預金契約上の地位の準共有をわざわざ観念した上、その保存行為として取引経過開示請求権の単独行使を肯定するという理論構成を採用し」ており（『最高裁判所判例解説　民事篇（平成21年度）（上）』（法曹会、2012）65頁）、この理論構成は、預金者の死亡によって預金契約が終了することはないことを当然の前提としている。

（4）　預金者死亡の場合の銀行実務の取扱い

銀行実務では、「普通預金は、何回でも、いくらでも入出金でき、残高がゼロになっても解約しない限り口座は存続し、預金者が死亡しても当然に解約とはなりません。」と解されている（髙橋恒夫「普通預金（自動振替口座）の相続と相続開始後の振込」銀行法務21　793号70頁（2015））。

2　可分債権は、相続開始と同時に当然に分割されるか

（1）　判例（分割債権説）

判例は、以下のとおり、相続財産中の可分債権は、相続開始と同時

に当然に相続分に応じて分割され、各共同相続人に相続分に応じて帰属するとの説（分割債権説）をとっている。

　　ア　最高裁昭和29年4月8日判決（判タ40・20）

　立木の超過伐採の不法行為による損害賠償請求権の相続の事案である。

　最高裁は、「相続人数人ある場合において、その相続財産中に金銭その他の可分債権あるときには、その債権は法律上当然分割され各共同相続人がその相続分に応じて権利を承継するものと解するを相当とする」と判示した。

　　イ　最高裁平成16年4月20日判決（判時1859・61）

　共同相続人の1人が、被相続人の死亡後に、被相続人名義の貯金（本件貯金）を解約したため、他の相続人が本件貯金につき相続分に相当する金額の不当利得の返還を求めた事案である。

　原審の高松高裁は「本件被相続人の相続についての遺産分割協議の成立や遺産分割審判の存在も認められないことから、同請求は、家事審判事項である遺産分割を求めるものにほかならないとして、同請求に係る訴えを不適法なもの」として却下した。

　これに対し、最高裁は、「相続財産中に可分債権があるときは、その債権は、相続開始と同時に当然に相続分に応じて分割されて各共同相続人の分割単独債権となり、共有関係に立つものではないと解される（最高裁昭和27年（オ）第1119号同29年4月8日第一小法廷判決・民集8巻4号819頁、前掲大法廷判決参照）。したがって、共同相続人の1人が、相続財産中の可分債権につき、法律上の権限なく自己の債権となった分以外の債権を行使した場合には、当該権利行使は、当該債権を取得した他の共同相続人の財産に対する侵害となるから、その侵害を受けた共同相続人は、その侵害をした共同相続人に対して不法行為に基づく損害賠償又は不当利得の返還を求めることができるものというべき

である。」と判示して、原判決を破棄差し戻した。

そして、この判例の考え方（分割債権説）は、以下の理論によるとされている。

「相続人は、相続開始の時から、被相続人の一身に専属したものを除き、被相続人の財産に属した一切の権利義務を承継する（民法896条）。そして、相続人が数人あるときは、相続財産はその共有に属するものとされ（民法898条）、各共同相続人は、その相続分に応じて被相続人の権利義務を承継するものとされている（民法899条）。遺産分割前の相続財産の共有は、「合有」ではなく、民法249条以下に規定する「共有」とその性質を異にするものではない（最三小判昭和30年5月31日・民集9巻6号793頁）。そうすると、債権が複数の者に帰属する場合の法律関係は、準共有（民法264条）ということになるところ、債権の共有的帰属については、債権総則中の「多数当事者の債権関係」に関する規定（民法427条以下）が特則をなしており、そこでは分割債権関係が原則となっていることから（民法427条）、可分債権は相続により分割債権になる。」（『最高裁判所判例解説　民事篇（平成22年度）（下）』（法曹会、2014）617頁）。

また、判例は具体的相続分の実体的権利性を否定していることから、分割の基準となる相続分とは、具体的相続分ではなく、法定相続分（又は指定相続分）であると解されている（法曹会・前掲591頁）。

上記のとおり、可分債権の当然分割の基準となる相続分とは、法定相続分又は指定相続分と解されている。

最高裁平成12年2月24日判決（民集54・2・523）は、「具体的相続分は、このように遺産分割手続における分配の前提となるべき計算上の価額又はその価額の遺産の総額に対する割合を意味するものであって、それ自体を実体法上の権利関係であるということはできず、遺産分割審判事件における遺産の分割や遺留分減殺請求に関する訴訟事件におけ

第1章　相続預貯金の法律知識　　19

る遺留分の確定等のための前提問題として審理判断される事項であり、右のような事件を離れて、これのみを別個独立に判決によって確認することが紛争の直接かつ抜本的解決のため適切かつ必要であるということはできない。

　したがって、共同相続人間において具体的相続分についてその価額又は割合の確認を求める訴えは、確認の利益を欠くものとして不適法であると解すべきである。」と述べて具体的相続分は、実体法上の権利関係ではないとしている。

　(2)　学　説

　学説には、①判例と同一の分割債権説、②遺産共有については、民法427条の適用を排除する非分割債権説等があるが、①がほぼ通説といえようか。

3　可分債権が遺産分割の対象となるか

　(1)　実務（分割対象除外説と合意説）

　可分債権が遺産分割の対象となるかについて、実務は、上記判例の可分債権の分割債権説をとった上で、可分債権は遺産分割の対象とはならない（分割対象除外説）が、共同相続人全員の合意がある場合には、遺産分割の対象となるとの説（合意説）をとっている。

　(2)　学説（二重の共有説・計数上の分割説）

　可分債権を遺産分割の対象とするとの学説の中で、二重の共有説や計数上の分割説が有力となっている。

　二重の共有説は、相続開始後の共有相続財産について、個々の財産の共有とは別に、「全体財産の共有」というもう一つの型の共有を観念し、「個々の財産の共有は、全体財産の共有によって修正されることがある」と解する（林良平「遺産中の金銭の遺産分割前の帰属」金融法務事情1336号6頁）。

また、有地亨教授は「可分の債権・債務は相続開始時点でいったんは共同相続人間に分割承継されるが、それら債権・債務もまた遺産全体の共有関係の対象に含まれ、遺産分割に際しては、それらを含むすべてが協議・調停・審判の対象になる。」と述べる（有地亨「遺産分割と債権、債務」家庭裁判月報45巻9号1頁（1993））。

更に、岡部喜代子氏は、「可分債権は法定相続分によって確定的に分割されるし、各相続人によって遺産分割前の処分も可能であることを前提にしても、それらの債権が相続開始後に各別に処分された場合であっても、それらを計数上は遺産分割の対象に含めることができ、そのようにして計数上総合された全遺産を最終的には具体的相続分に応じた遺産配分に至らしめるのが遺産分割である。」と述べる（岡部喜代子「可分債権の遺産分割」法学研究72巻12号477頁（1999））（計数上の分割説）。

4　預貯金債権は、可分債権か

この点については、次の第3の項で、詳しく説明するが、平成28年最高裁大法廷決定以前は、判例（上記最高裁平成16年4月20日判決参照）は、以下のとおりの論理構成で、預貯金債権は可分債権であり、遺産分割の対象にはならないと解していた。

すなわち、判例は「①可分債権は相続開始と同時に当然に分割される→②可分債権は遺産分割の対象にならない→③預貯金債権は可分債権である→④よって、預貯金債権は、相続開始と同時に当然に分割され、遺産分割の対象にはならない」と解していたものである。

第3 最高裁大法廷平成28年12月19日決定の内容

　最高裁大法廷平成28年12月19日決定（判時2333・68）によって、これまで預貯金債権は可分債権であり、遺産分割の対象とならないとしていた判例が変更され、預貯金債権は相続開始と同時に相続分に応じて分割されることはなく、遺産分割の対象となると判示されたものである。

　以下その内容を詳しくみていこう。

1　概　要

(1)　事　案

　被相続人Aは平成24年3月に死亡し、相続人は、養子のXと養子Bの代襲相続人のYの2人である。

　Aの遺産は、①マンション（評価額約258万円）と②預貯金4,000万円以上である。BはAから5,500万円の生前贈与（特別受益）を受けていた。

　Xは、Yに対し、Aの遺産分割の審判申立てをした。

(2)　第一審・抗告審

　第一審（大阪家審平26・12・5金判1508・22）及び抗告審（大阪高決平27・3・24金判1508・21）は、いずれも預貯金債権は預金者の死亡によって法定相続分に応じ当然に分割され、相続人全員の合意がない限り遺産分割の対象とすることはできないとして、YにはBから引き継いだ5,500万円の特別受益があるからYの具体的相続分は零であるとして、Xがマンションを取得すべきとした。

(3)　上告審

　最高裁は、「共同相続された普通預金債権、通常貯金債権及び定期貯金債権は、いずれも、相続開始と同時に相続分に応じて分割されるこ

とはなく、遺産分割の対象となるものと解するのが相当である。」と判示して、原決定を破棄し大阪高裁に差し戻した。

その理由は、大別すると以下の4点である。

① 遺産分割手続の要請

「遺産分割の仕組みは、被相続人の権利義務の承継に当たり共同相続人間の実質的公平を図ることを旨とするものであることから、一般的には、遺産分割においては被相続人の財産をできる限り幅広く対象とすることが望ましく、また、遺産分割手続を行う実務上の観点からは、現金のように、評価についての不確定要素が少なく、具体的な遺産分割の方法を定めるに当たっての調整に資する財産を遺産分割の対象とすることに対する要請も広く存在することがうかがわれる。」

② 預貯金の性質

「預貯金は、預金者においても、確実かつ簡易に換価することができるという点で現金との差をそれほど意識させない財産であると受け止められている。」

③ 普通預貯金債権の性質

「預金者が死亡することにより、普通預金債権及び通常貯金債権は共同相続人全員に帰属するに至るところ、その帰属の態様について検討すると、上記各債権は、口座において管理されており、預貯金契約上の地位を準共有する共同相続人が全員で預貯金契約を解約しない限り、同一性を保持しながら常にその残高が変動し得るものとして存在し、各共同相続人に確定額の債権として分割されることはないと解される。」

④ 定期貯金債権の性質

「定期貯金についても、定期郵便貯金と同様の趣旨で、契約上その分割払戻しが制限されているものと解される。しかるに、定期貯

第1章　相続預貯金の法律知識　　23

金債権が相続により分割されると解すると、それに応じた利子を含めた債権額の計算が必要になる事態を生じかねず、定期貯金に係る事務の定型化、簡素化を図るという趣旨に反する。他方、仮に同債権が相続により分割されると解したとしても、同債権には上記の制限がある以上、共同相続人は共同して全額の払戻しを求めざるを得ず、単独でこれを行使する余地はないのであるから、そのように解する意義は乏しい。」

2　補足意見

　平成28年最高裁大法廷決定の補足意見、意見の中で、以下の意見が特に重要であろう。

　(1)　岡部喜代子裁判官の補足意見

　岡部裁判官は、可分債権の遺産分割対象性について、計数上の分割説を主張しており、以下のとおり補足意見においてもその旨を述べている。

　「私は、民法903条及び904条の2の文理並びに共同相続人間の実質的公平を実現するという趣旨に鑑みて、可分債権は共同相続により当然に分割されるものの、上記各条に定める『被相続人が相続開始の時において有した財産』には含まれると解すべきであり、分割された可分債権の額をも含めた遺産総額を基に具体的相続分を算定し、当然分割による取得額を差し引いて各相続人の最終の取得額を算出すべきであると考えている。」

　(2)　鬼丸かおる裁判官の補足意見

　「多数意見が述べるとおり、上記各債権は、口座において管理されており、預貯金契約上の地位を準共有する共同相続人が全員で預貯金契約を解約しない限り、同一性を保持しながら常にその残高が変動し得るものとして存在するのであるから、相続開始後に被相続人名義の

預貯金口座に入金が行われた場合、上記契約の性質上、共同相続人は、入金額が合算された1個の預貯金債権を準共有することになるものと解される。そうすると、被相続人名義の預貯金債権について、相続開始時の残高相当額部分は遺産分割の対象となるがその余の部分は遺産分割の対象とならないと解することはできず、その全体が遺産分割の対象となるものと解するのが相当である。」

(3) 木内道祥裁判官の補足意見

「遺産分割の審判においては、共同相続人間の実質的公平を図るために特別受益の持戻しや寄与分の考慮を経て具体的相続分を算定して遺産分割が実現されるところ、債権を広く一般的に遺産分割の対象としようとして具体的相続分の算定が困難となり、その他の相続財産についても遺産分割の審判をすることができず、相続財産に対する各相続人の権利行使が制約される状態が続くことは、遺産分割審判制度の趣旨に反する。したがって、額面額をもって実価（評価額）とみることができない可分債権については、上記合意がない限り、遺産分割の対象とはならず、相続開始と同時に当然に相続分に応じて分割されるものと解するのが相当である。」

(4) 大橋正春裁判官の意見

「私は、可分債権を含めた相続開始時の全遺産を基礎として各自の具体的相続分を算定し、これから当然に分割されて各自が取得した可分債権の額を控除した額に応じてその余の遺産を分割し、過不足は代償金で調整するという見解（以下「分割時考慮説」という。）を採用すべきものと考える。分割対象除外説によれば、遺産分割時に預貯金が残存している場合には、具体的相続分に応じた分配をすることができるのに対し、共同相続人の1人が被相続人の生前に無断で預貯金を払い戻した場合には、被相続人が取得した損害賠償請求権又は不当利得返還請求権について具体的相続分に応じた分配をすることができな

い。これに対して、分割時考慮説によれば、後者の場合においても具体的相続分に応じた分配をすることができ、結果の衡平性という点においてより優れている。」

3 射程範囲及び今後の課題

(1) 可分債権の分割債権説及び分割対象除外説

平成28年最高裁大法廷決定は、最高裁平成16年4月20日判決（判時1859・61）その他上記見解と異なる最高裁の判例は、いずれも変更すべきであると判示している。

本決定の上記理由から、最高裁は、銀行の定期預金を含む全ての預貯金債権について遺産分割の対象となると解すると考えられる。

なお、最高裁平成29年4月6日判決（判時2337・34）は、定期預金債権及び定期積金債権について、平成28年最高裁大法廷決定と同様の判断を下している。

しかし、最高裁は、最高裁昭和29年4月8日判決（判タ40・20）を変更しておらず、可分債権の分割債権説は、維持していると解される。

したがって、使途不明金の不当利得返還請求権や損害賠償請求権等の可分債権は、遺産分割の対象財産とならないとの見解（分割対象除外説）は変わっていない。

この点については、特に上記大橋裁判官の批判的意見があり、今後この点も判例変更があるかどうか注目すべきである。

(2) 預貯金債権の遺産分割の基準時

平成28年最高裁大法廷決定は、遺産分割の対象となる預貯金債権の遺産分割の基準時点については、言及していない。

しかし、鬼丸裁判官が指摘するとおり、預貯金契約上の地位は共同相続人が準共有し、預貯金債権特に普通預貯金債権は、残高が変動しながら、1個の債権となるとすると、相続開始後に被相続人の預貯金口

座に入金された金額も含めて遺産分割の対象となるかどうかが問題と
なる。

　特に、相続財産の賃料が相続開始後も被相続人口座に継続的に入金
された場合に、下記の最高裁判決との整合性をどう図るかが問題とな
る。

4　共同相続人に係る不動産から生ずる賃料

　共同相続人に係る不動産の賃料について、最高裁平成17年9月8日判
決（判時1913・62）は、「遺産は、相続人が数人あるときは、相続開始か
ら遺産分割までの間、共同相続人の共有に属するものであるから、こ
の間に遺産である賃貸不動産を使用管理した結果生ずる金銭債権たる
賃料債権は、遺産とは別個の財産というべきであって、各共同相続人
がその相続分に応じて分割単独債権として確定的に取得するものと解
するのが相当である。遺産分割は、相続開始の時にさかのぼってその
効力を生ずるものであるが、各共同相続人がその相続分に応じて分割
単独債権として確定的に取得した上記賃料債権の帰属は、後にされた
遺産分割の影響を受けないものというべきである。」と判示している。

　この事案は、相続開始後に遺産である不動産の賃料を、相続人代理
人名義の銀行口座（本件口座）に振り込ませていた事案であり、被相
続人名義口座に振り込ませていたものではない。

　したがって、直接には平成28年最高裁大法廷決定の鬼丸裁判官の指
摘の対象となるものではない。

第1章　相続預貯金の法律知識　　27

第4　預貯金と遺言

1　遺言の効果

(1)　包括遺贈・特定遺贈

改正民法964条は、「遺言者は、包括又は特定の名義で、その財産の全部又は一部を処分することができる。」と定めている。これらは、包括遺贈、あるいは、特定遺贈と呼ばれており、遺言による遺産の処分の重要な内容をなすものである。

(2)　相続分の指定

また、改正民法902条1項は、「被相続人は、前2条の規定にかかわらず、遺言で、共同相続人の相続分を定め、又はこれを定めることを第三者に委託することができる。」と定めている。これは、遺言による相続分の指定と呼ばれるものである。

(3)　遺産分割方法の指定

さらに、民法908条は、「被相続人は、遺言で、遺産の分割の方法を定め、若しくはこれを定めることを第三者に委託し、又は相続開始の時から5年を超えない期間を定めて、遺産の分割を禁ずることができる。」と定めている。これは、遺言による遺産分割方法の指定及び遺産分割の禁止と呼ばれるものである。

(4)　小　括

上記のとおり遺言による包括遺贈・特定遺贈等の遺産の処分、並びに、遺言による相続分の指定及び遺言による遺産分割方法の指定は、遺産相続に関し遺言が重要な法的効果を与える内容をなすものである。

2 預貯金と遺贈

(1) 法定相続人以外の者へ預貯金を特定遺贈する場合

　指名債権の特定遺贈は、物権的効力を有すると解されており、指名債権である預貯金債権を特定遺贈する場合には、相続開始により、当該預貯金債権は、受遺者に直接に移転するものであって、受遺者が債権を取得すること自体には、遺言執行者による受遺者に対する債権譲渡の意思表示は要しないものとされている（大判大5・11・8民録22・2078、大判大10・5・30民録27・983）。

　しかし、指名債権の特定遺贈については、受遺者は、債権譲渡の対抗要件を備えなければ、指名債権の取得を債務者に対して対抗することができないとされている（最判昭49・4・26民集28・3・540）。

○最高裁昭和49年4月26日判決（民集28・3・540）

＜事案の概要＞

　Aは、Y₁及びY₂に対し貸金債権を有していた。

　Aは、Y₁及びY₂に対して有する貸金債権をXへ遺贈（特定遺贈）し、その後、Aが死亡したので、上記貸金債権についてXへの債権移転の効力が発生した。

　そして、XはY₁及びY₂に対して貸金請求訴訟を提起し、一審ではXが勝訴していた。しかし、Y₁及びY₂は、特定遺贈による債権譲渡についても、（遺贈義務者から債務者への通知、又は、債務者の承諾による）対抗要件を備えることが必要であるのに、本件では、対抗要件を欠くので、Xの請求には理由がないとして、控訴を申し立てた。控訴審は、Y₁、Y₂らの主張を認めて、一審判決を取り消してXの請求を棄却した。そこでXは、債権の特定遺贈の場合には、通常の債権譲渡の場合とは異なり、債権譲渡の対抗要件を具備する必要はないと主張して、上告を申し立てた。

＜判　旨＞

　指名債権が特定遺贈された場合、遺贈義務者の債務者に対する通知又

第1章　相続預貯金の法律知識　　29

は債務者の承諾がなければ、受遺者は、遺贈による債権の取得を債務者に対抗することができない。

＜解　説＞

　最高裁も、控訴審と同様に、指名債権の特定遺贈についても通常の債権譲渡の場合と同じく債務者に対する対抗要件が必要であるとして、対抗要件を具備していなかったXの請求を認めなかったものである。

　なお、指名債権とは、債権者が特定されている債権をいい、債権者が転々と変動していく証券的債権と対比されるものである。預貯金債権は、判例上、無記名式定期預金であっても指名債権として扱われており、通常の預貯金債権は典型的な指名債権といえるものである。そして、債権譲渡の対抗要件を具備するためには、遺贈義務者である被相続人の法定相続人ら全員が債務者たる銀行へ通知するか、銀行が承諾しなければならないとされている。

　また、遺言に遺言執行者の定めがあれば、遺言執行者が遺贈義務者となり得るので、被相続人の法定相続人の全員からではなくても、遺言執行者から銀行に対する通知で足りると解されている（中川善之助＝泉久雄『相続法（第4版）』（有斐閣、2000）570頁、579頁）。なお、改正民法1012条2項では、「遺言執行者がある場合には、遺贈の履行は、遺言執行者のみが行うことができる。」と、明確に定められた。

　(2)　法定相続人以外の第三者へ預貯金債権を含む相続財産が包括遺贈されている場合

　預貯金債権を含む相続財産が包括遺贈されている場合に、包括受遺者にも債権譲渡の対抗要件を具備することを要するかについては、前述(1)の預貯金債権について特定遺贈がなされた場合と特段の区別をせずに同様に扱い、包括受遺者も債権譲渡の対抗要件を具備することが必要であるとする見解が一般的であると解される（蕪山厳ほか『遺言

法体系 I　補訂版』（慈学社、2015）382頁）。

　すなわち、包括受遺者は、相続人と同一の権利義務を有する（民990）とされるが、不動産の包括遺贈の際に、登記なくして対抗できないとされており、また、その登記については、包括受遺者と遺言執行者との共同申請によるべきであるとされているなど、必ずしも全ての局面で相続人と同一の地位に立つとは解されていないこと、対債務者の関係では、債務者による二重払いの危険を負わせないためには、債権が包括遺贈された場合も債権が特定遺贈された場合も同様に対抗要件を具備させることが相当であるとして、債権の包括受遺者についても債権譲渡の対抗要件の具備を必要とするのが相当であると考えられる。

　判例としては、前掲の最高裁昭和49年4月26日判決（民集28・3・540）は、直接的には、指名債権の特定遺贈と債務者に対する対抗要件具備の必要性について判示したものといえるが、特定遺贈の場合にのみ限定した趣旨のものとは解されず、指名債権の遺贈（特定遺贈と包括遺贈を含む。）全般について、対抗要件具備の必要性を認めたものとして評価することが充分可能であると考える。

　また、現行の実務としては、預貯金債権の譲渡がなされた場合に（特定遺贈と包括遺贈とを区別せずに）債務者への対抗要件の具備が必要であるとの考え方に立って、実務が執り行われているものと考えられる（山川一陽＝松嶋隆弘編著『相続法改正のポイントと実務への影響』〔平林真一〕（日本加除出版、2018）222頁）。

　上記の見解に従い、預貯金が包括遺贈された場合は、(1)と同様に、相続人ら又は遺言執行者から銀行への通知あるいは銀行の承諾が必要となる。

(3)　法定相続人へ預貯金債権を特定遺贈する場合

　遺言により法定相続人に預貯金を承継させる場合には、大別して、遺贈による場合（改正民964）と遺産分割方法の指定（民908）による場合

の2つがある。

　法定相続人へ特定債権を承継させたい場合、通常は、上記のうち遺産分割方法の指定であることが多いと考えられる。いわゆる「相続させる遺言」についての解釈の基準を示した最高裁平成3年4月19日判決（民集45・4・477）においても、「遺言書の記載から、その趣旨が遺贈であることが明らかであるか又は遺贈と解すべき特段の事情のない限り、遺贈と解するべきではない」とした上で、「特定の遺産を特定の相続人に単独で相続により承継させようとする遺言は、遺産分割の方法を定めた遺言である」旨を判示している。

　したがって、法定相続人への特定債権の承継であっても、それが遺贈であると明定されている場合、あるいは、遺贈と解すべき特段の事情がある場合には、遺産分割方法の指定ではなく、遺贈として扱われることとなる。その場合には、上記(1)の法定相続人以外の者への特定遺贈と同様に、遺贈義務者である法定相続人らから債務者である銀行に対する債権譲渡の通知あるいは、銀行の承諾の対抗要件を具備することが必要である。なお、遺言執行者が選任されている場合は、法定相続人ではなくても遺言執行者からの通知で足りると解されることも上記(1)の場合と同様である。

3　預貯金と「相続させる」遺言（特定財産承継遺言又は相続分を指定する遺言）

(1)　遺言による相続分の指定と預貯金債権

　預貯金債権を含む全財産について相続分の全部を特定の相続人に与える旨の遺言をした場合には、預貯金債権についても当該相続人が相続により取得することになる。従来の民法における取扱いとしては、相続による承継であるので、債権の遺贈の場合とは異なり、遺贈義務者の法定相続人ら又は遺言執行者から債務者である銀行に対する債権

譲渡通知を要しない扱いとなっていた。しかし、改正民法においては、次のとおりの規定が設けられた。

○民　法
（共同相続における権利の承継の対抗要件）
第899条の2　相続による権利の承継は、遺産の分割によるものかどうかにかかわらず、次条及び第901条の規定により算定した相続分を超える部分については、登記、登録その他の対抗要件を備えなければ、第三者に対抗することができない。
2　前項の権利が債権である場合において、次条及び第901条の規定により算定した相続分を超えて当該債権を承継した共同相続人が当該債権に係る遺言の内容（遺産の分割により当該債権を承継した場合にあっては、当該債権に係る遺産の分割の内容）を明らかにして債務者にその承継の通知をしたときは、共同相続人の全員が債務者に通知したものとみなして、同項の規定を適用する。

　したがって、預貯金債権の相続においても、法定相続分を超える部分については、債権譲渡の対抗要件を具備することが必要となり、その通知については、債権を承継した相続人がその承継を通知したときは、共同相続人の全員が通知したものとみなすとの取扱いとなった。

　(2)　遺言による遺産分割方法の指定と預貯金債権
　遺言において、「預貯金債権は相続人Aに相続させる」という記載をした場合には、原則として、預貯金債権を相続人Aに相続させる旨の遺産分割方法の指定をしたものと考えられる（前記の最判平3・4・19民集45・4・477）。従来の民法の取扱いとしては、預貯金債権について特定の相続人に対し相続させる遺言がなされていた場合には、何らの行為を要せずして預貯金債権は、被相続人の死亡時に直ちに相続人Aに相

第1章　相続預貯金の法律知識　　33

続により承継されるとして扱われているものである。

　なお、遺産分割方法の指定として遺産に属する特定の財産を特定の相続人に承継させる旨の遺言は、改正民法上の用語としては、「特定財産承継遺言」と呼ばれており（改正民1014②）、改正民法899条の2の定めに従い（上記(1)参照）特定財産承継遺言により取得した預貯金債権についても、（相続分の指定により預貯金債権を承継した場合と同様に）法定相続分を超えた部分については、対抗要件を備えなければ第三者に対抗できないとされているものである。

　そして、その特定財産承継遺言に関しては、改正民法において、次のとおりの規定が設けられている。

○民　法
（特定財産に関する遺言の執行）
第1014条
2　遺産の分割の方法の指定として遺産に属する特定の財産を共同相続人の一人又は数人に承継させる旨の遺言（以下「特定財産承継遺言」という。）があったときは、遺言執行者は、当該共同相続人が第899条の2第1項に規定する対抗要件を備えるために必要な行為をすることができる。
3　前項の財産が預貯金債権である場合には、遺言執行者は、同項に規定する行為のほか、その預金又は貯金の払戻しの請求及びその預金又は貯金に係る契約の解約の申入れをすることができる。ただし、解約の申入れについては、その預貯金債権の全部が特定財産承継遺言の目的である場合に限る。
4　前二項の規定にかかわらず、被相続人が遺言で別段の意思を表示したときは、その意思に従う。

　このように、預貯金債権について特定財産承継遺言がなされた場合に、遺言執行者は、債務者への通知等の対抗要件の具備に必要な行為

ができることが明定されたものである。

4 遺言執行実務との関連

上記2において記述したとおり、従来の民法の実務として、預貯金債権が遺贈された場合には、原則として遺贈義務者たる法定相続人らが債務者たる銀行に預貯金債権遺贈の事実を通知することが必要となるが、遺言執行者が選任されているときは、遺言執行者が遺贈義務者として、債務者たる銀行に預貯金債権の遺贈の事実を通知することで足りると解されていた（中川善之助＝泉久雄『相続法（第4版）』（有斐閣、2000）570頁、579頁）。なお、改正民法1012条2項では、「遺言執行者がある場合には、遺贈の履行は、遺言執行者のみが行うことができる」、改正民法1014条2項においては、「特定財産承継遺言があったときは、遺言執行者は第899条の2第1項に規定する対抗要件を備えるために必要な行為をすることができる」旨定められた。

したがって、法定相続人らの全員の協力が得られないとき、あるいは、遺言において遺言執行者の選任がなされていないときには、受贈者としては、家庭裁判所に遺言執行者の選任を申し立てて、その選任を得た上で選任された遺言執行者に預貯金債権の遺贈の事実を通知してもらうことが考えられる。

なお、債権の遺贈ではなく、債権の特定財産承継遺言の場合には、改正民法899条の2第2項により（新たに遺言執行者を選任する必要がなく）債権を承継して相続する相続人（いわゆる受益相続人）が、自ら債務者に通知すれば足りることになった。

また、遺言において遺言執行者が受遺者と定められることもあるが、その場合に遺贈義務者と遺贈権利者が同一人となってしまうことになる。しかし、遺言において、受遺者を遺言執行者と定めることも、実務上、認められているので、遺贈義務者と遺贈権利者が結果として同

第1章　相続預貯金の法律知識　　35

一人となってしまうことも許容されると考える。

　なお、改正民法においては、次のとおり遺言執行者の権限の明確化等が図られることとなった。

① 改正民法1012条

　1項　遺言執行者は、遺言の内容を実現するため、相続財産の管理その他遺言の執行に必要な一切の行為をする権利義務を有する。

　2項　遺言執行者がある場合には、遺贈の履行は、遺言執行者のみが行うことができる。

② 改正民法1015条

　遺言執行者がその権限内において遺言執行者であることを示してした行為は、相続人に対して直接にその効力を生じる。

③ 改正民法1007条2項

　遺言執行者はその任務を開始したときは、遅滞なく、遺言の内容を相続人に通知しなければならない。

④ 改正民法1014条2項、3項、4項

　2項　遺産の分割の方法の指定として遺産に属する特定の財産を共同相続人の一人又は数人に承継させる旨の遺言（以下「特定財産承継遺言」という。）があったときは、遺言執行者は、当該共同相続人が第899条の2第1項に規定する対抗要件を備えるために必要な行為をすることができる。

　3項　前項の財産が預貯金債権である場合には、遺言執行者は、同項に規定をする行為のほか、その預金又は貯金の払戻しの請求及びその預金又は貯金が係る契約の解約の申入れをすることができる。ただし、その解約の申入れについては、その預貯金債権の全部が特定財産承継遺言の目的である場合に限る。

　4項　前二項の規定にかかわらず、被相続人が遺言で別段の意思を表示したときは、その意思に従う。

5　預貯金の解約払戻し・名義変更

　預貯金債権が、遺贈により受遺者へ承継された場合、あるいは、遺産分割方法の指定により受遺者へ承継された場合で、遺言執行者が選任されていないときは、受遺者が自ら債務者たる銀行に対し解約、払戻し、名義変更等の手続を行うこととなる。

　遺言執行者が選任されているときには、遺言執行者から債務者たる銀行に対し預貯金の解約、払戻し、名義変更等の手続を行うこととなる。なお、遺贈承継や相続承継となる場合に、遺言執行者として、預貯金名義を受遺者の名義に変更することにより遺言を実現・執行したこととなるが、それ以外にも、実際には、遺言執行者において解約、払戻しをした上で、受遺者に対し現金で支払うことにより、遺贈、相続を実現・執行することが多く行われている。

　遺言執行者に預貯金解約、払戻しの権限があるかについては、［A説］最も厳格な立場から、「預貯金の相続については受遺者が当然に預金を承継して取得するもので、預貯金等の払戻しについては、遺言執行の余地はなく、遺言の執行として金融機関等に対し預貯金等の払戻し等を求める権限を有するものではない」とする説（東京高判平15・4・23金法1681・35）、あるいは［B説］遺言執行者による受益相続人への名義変更又は払戻金を取得させることは、遺言の実現のために不可欠なもの（東京地判平24・1・25金判1400・54）とする説がある。実際の遺言執行実務を踏まえるならば、柔軟に［B説］の取扱いをすることで、特段不都合なことが生ずることはないと考える。なお、改正民法1014条3項においては、原則として、遺言執行者には、預金の払戻しの請求、解約の申入れができることが明確に定められた（上記4④を参照されたい。）。

6　貸金庫の開扉

(1)　貸金庫契約の法的性質

　最高裁平成11年11月29日判決（民集53・8・1926）は貸金庫契約の法的

性質について、「貸金庫の場所（空間）の賃貸借である」とし、契約者たる被相続人死亡の際、貸金庫契約上の地位は、被相続人の相続人に承継されるとする。

(2) 貸金庫と遺言書

遺言書において、被相続人死亡の際の貸金庫開扉の権限が誰に与えられるか（例えば、遺言執行者、あるいは預貯金受遺者など）が明示されていれば、それに従うこととなる。

(3) 判　例

判例上、遺産分割協議書において「その余の財産全部」を取得するとされた者に貸金庫使用権の帰属が認められるとしたものがある（東京高判昭58・7・28金法1054・46）。この判例によれば、遺言中で、「その他財産は○○が取得する」と記述されていれば、その者が貸金庫使用権を取得するとして取り扱うことも考えられる。

○東京高裁昭和58年7月28日判決（金法1054・46）

＜事案の概要＞

　Aが死亡し、その相続人にはX（妻）と子供3名（そのうち1名がB・補助参加人）であった。Yは銀行である。亡Aの遺産分割協議成立の際、「その余の遺産全部はXが取得する」と記載されていた。XはYに対し貸金庫使用権を有することの確認を求める訴訟を提起し、一審（東京地裁）は、Xの請求を認容した。そこでYは東京高裁へ控訴した。「その余の遺産」の中に銀行の貸金庫使用権が含まれるか等が争点となった。また、Y側の補助参加人Bは遺産の中に貸金庫使用権があることを知らなかったし、調停の席上何の言及もなかった等と主張した。控訴審たる東京高裁は、次のとおり判示し、Yの控訴を棄却した。

＜判　旨＞

　「本件貸金庫について調停の席上明示的に言及されることがなかつたとしても、本件貸金庫は、他の家財道具と同様、右調停条項1(4)(ロ)Xの取得すべき「その余の遺産全部」のうちに包含されるものと解するのが相当である。」

「そうすると、Y、A間の本件貸金庫使用契約の借主の地位は、Aの死亡と同時にその相続人ら4名に共同相続され、その後右契約はYと右共同相続人らとの間において継続され、前記遺産分割調停成立によりA死亡時に遡つてXがその借主の地位を単独で相続し、次いで、右契約はYとXとの間において継続されたものというべきである。」

<解 説>

遺産分割協議書中の条項において「その余の遺産全部」を取得するとされた相続人が被相続人の銀行に対する貸金庫使用権についても相続するとして認められた事例である。

(4) 一部相続人からの貸金庫開扉請求

銀行実務上は、相続人全員による開扉請求には応じるが、一部相続人からの開扉請求には応じていないことが通常となっている。

なお、公証人により「事実実験公正証書」を作成するとして、貸金庫の内容点検を行うことについては、一部相続人からの貸金庫開扉請求の場合にも応じるというのが銀行実務となっているので、これの活用も考慮すべきである。

※事実実験公正証書

① 公証人は、「法律行為其ノ他私権ニ関スル事実ニ付公正証書ヲ作成スルコト」について、「当事者其ノ他ノ関係人ノ嘱託ニ因リ」「事務ヲ行フ権限ヲ有スル」とされている（公証人法1一）。

② 公証人は五感の作用により直接体験（事実実験）した事実に基づいて公正証書を作成することができ、これが「事実実験公正証書」と呼ばれており、事実実験の結果を記載した「事実実験公正証書」は、証拠を保全する機能を有する。たとえば、特許権者の嘱託により、特許権の侵害されている状況を記録した事実実験公正証書を作成する場合や、相続人から嘱託を受けて相続財産把握のため被相続人名義の銀行の貸金庫を開披し、その内容物を点検・確認する事実実験公正証書を作成する場合などがある（日本公証人連合会HP）。

第1章　相続預貯金の法律知識　　39

第5　預貯金と遺留分減殺・遺留分侵害額請求

1　従来の遺留分制度

(1)　遺留分減殺請求権の法的性質

　遺留分減殺請求権の法的性質について、通説は、形成権＝物権的効果説をとっている。この説は、遺留分減殺請求によって遺留分侵害行為の効力が消滅し、目的物上の権利は当然に遺留分権利者に復帰すると解するものである（中川善之助＝加藤永一編『新版注釈民法(28)相続(3)補訂版』〔中川淳〕（有斐閣、2002）472頁～475頁、我妻栄・唄孝一『判例コンメンタールⅧ　相続法』（日本評論社、1966）319頁、柚木馨『判例相続法論』（有斐閣、1953）429頁）。

　なお、形成権＝債権説もある。この説は、遺留分減殺の効力を遺留分侵害行為の取消しであるとし、目的物上の権利は当然に遺留分権利者に復帰するのではなく、受遺者・受贈者をして、返還の義務を負わせるだけであると解するものである（梅謙次郎『民法要義巻之五（相続編）』（有斐閣、1900）434頁、鈴木禄弥『相続法講義（改訂版）』（創文社、1996）173頁）。しかし、この説は少数説である。

　さらには、請求権説もある。この説は、遺留分減殺請求は、受遺者・受贈者に対する財産引渡請求権又は未履行贈与・遺贈の履行拒絶権であって、既になされた贈与又は遺贈そのものの効力を失わせるものではないと解するものである（川島武宜『民法(3)（有斐閣全書）』（有斐閣、1951）212頁、槇悌次「遺留分の減殺請求」中川善之助教授還暦記念第7『家族法大系』（有斐閣、1960）285頁）。なお、この説も少数説である。

　判例（最高裁昭和41年7月14日判決（民集20・6・1183）、最高裁昭和57年3月4日判決（民集36・3・241）など）は、上記通説と同様に形成権＝物権的効果説をとっている。この通説・判例による形成権＝物権的効果

説によると、遺留分減殺請求権を行使すると、減殺の目的財産について、受遺者・受贈者並びに（遺留分減殺の限度で目的物上の権利を取得した）遺留分権利者との共有（ないし準共有）関係が生ずることになる。目的財産が不動産であれば、共有となり、目的財産が預貯金等の債権であれば、準共有となる。

○最高裁昭和41年7月14日判決（民集20・6・1183）

＜事案の概要＞

　Xは遺贈の事実を知ってから1年内に遺留分減殺の意思表示をしたが、それから6か月以内に裁判上の請求をしなかった。その後、遺贈の事実を知った日から1年が経過した以降に、XはYに対し、遺留分減殺請求の訴訟を提起した。Yは、Xの遺留分減殺請求権が1年の消滅時効にかかり、失効したものとして、Xの請求棄却を求めた。そして、第一審は、遺留分減殺請求権の性質について請求権説の立場を採るとして、Yの主張どおり消滅時効の成立を認めて、Xの請求を棄却した。そこで、Xは控訴を申し立てた。控訴審は、遺留分減殺請求権の性質について、形成権説に立って、本件においては1年以内に遺留分減殺請求の意思表示がなされたことにより、遺留分減殺請求の効果は既に生じているとして、Yの消滅時効の主張を排斥して、Xの請求を認容した。Yはこれを不服として上告を申し立てた。

＜判　旨＞

　遺留分権利者が民法1031条に基づいて行う減殺請求権は形成権であって、その権利の行使は受贈者又は受遺者に対する意思表示によってなせば足り、必ずしも裁判上の請求による要はなく、また一たん、その意思表示がなされた以上、法律上当然に減殺の効力を生ずるものと解するのを相当とする。

＜解　説＞

　最高裁も遺留分減殺請求権の性質について形成権説を採る控訴審判決を是認して、Yの上告を棄却した。上記判旨は、遺留分減殺請求権が形成権であることを明示しているものである。

○**最高裁昭和57年3月4日判決**（民集36・3・241）

　＜事案の概要＞

　亡母は、長男Yに対し土地持分を遺贈した。次男Xは、上記Yに対する亡母の遺贈について、遺贈の事実を知ってから1年内に遺留分減殺請求の意思表示をした。

　その後、XはYに対し遺留分減殺に基づく持分移転登記を求める訴訟を提起したが、訴訟提起日は、遺贈があったことを知ったときより1年を経過した後であった。

　Yは、訴訟において、Xの遺留分減殺請求権は既に時効消滅していると主張した。しかし、一審、二審は、Yの主張を排斥し、Xの請求を認容したので、Yは上告を申し立てた。

　＜判　旨＞

　民法1031条所定の遺留分減殺請求権は形成権であって、その行使により贈与又は遺留分を侵害する限度において失効し、受贈者又は受遺者が取得した権利は右の限度で当然に遺留分権利者に帰属するものと解すべきものであることは、当裁判所の判例とするところである。

　＜解　説＞

　最高裁は、一審、二審判決を正当なものとして維持して、Yの上告を棄却したものである。そして、上記判旨は、遺留分減殺請求権が形成権であること、また、その遺留分減殺請求権行使により物権的効力を生じることを明示しているものである。

　(2)　従来制度の問題点

　上述のとおり、遺留分減殺請求がなされると、遺留分減殺の限度で、減殺の目的財産について受遺者・受贈者の権利が効力を失い、遺留分権利者との共有や準共有となるものとされていた（通説・判例）。そうすると遺言者が事業継承者を受遺者・受贈者として事業用不動産や株式、営業上の債権等を遺贈しようとしても、それらについて遺留分権利者より遺留分減殺請求をされてしまうと、事業用不動産や株式、営

業上の債権等についても、受遺者・受贈者と遺留分権利者との共有や準共有の関係が生じることとなる。そのため、権利関係が複雑となり、実際上、事業承継上の支障が生じるとの弊害が指摘されていた。

　要するに、従来制度の問題点としては、遺留分減殺請求によって物権的効果を生じさせるのが効力として強すぎるのではないかと批判があったものである。そこで、遺留分制度についても相続法の改正が行われたものである。

2　改正後の遺留分制度

　改正後の遺留分制度の要点は、次の3つとされている。

　(1)　遺留分侵害額請求の法的性質

　新しい制度は、遺留分減殺請求により遺留分減殺請求の対象たる目的物につき、(遺留分減殺の限度で) 権利取得の効力を失わせるという物権的効果が生じるのではなく、遺留分を侵害された者は、受遺者・受贈者に対し、遺留分侵害額請求をすることにより遺留分侵害額に相当する金銭の支払を求めることができるというように、金銭支払請求権として構成した制度となったものである。

　それに関連して、遺留分権利者からの侵害額支払請求に対して、受遺者・受贈者の方から現物を返還して、遺留分権利者からその支払請求を免れることができるという制度とするかが、改正立法時に議論された。しかし、これを認めると遺留分権利者に不要な財産を押し付ける結果となる等のため、それは採用されず、現物返還を認めないということになった (なお、本項(3)の末尾を参照)。

　(2)　受遺者・受贈者の負担額

　受遺者又は受贈者の負担額について改正民法1047条の定めが新設されており、その重要な点を挙げると次のとおりである。

①　受遺者と受贈者とがあるときは、受遺者が先に負担する。

第1章　相続預貯金の法律知識　　43

② 受遺者が複数あるとき、受贈者が複数ある場合においてその贈与
が同時にされたものであるときは、受遺者又は受贈者がその目的の
価額の割合に応じて負担する。ただし、その遺言に別段の意思を表
示したときは、その意思に従う。

③ 受贈者が複数ある場合（②に規定する場合を除いて）は、後の贈
与に係る受贈者から順次前の贈与に係る受贈者が負担する。

　受遺者等が複数いる場合の負担の順序及び割合については、改正前
民法1033条から1035条の定めが維持されたものである。なお、改正前
民法1034条は、必ずしも受遺者・受贈者が複数いることを前提とした
ものではなく、受遺者1名においても、遺言者がその遺言に別段の意思
を表示して、遺贈の目的の価額の割合に応じないで減殺の割合を定め
ることが認められていた。しかし、受遺者1名の場合においては、改正
民法では、遺留分侵害額請求権という金銭支払請求権となったため、
目的の価額の割合に応じない別段の定めをするということは、実際上
できないこととなったので、改正民法1047条では、「受遺者が複数ある
とき、又は、受贈者が複数ある場合においてその贈与が同時になされ
たものであるときは、」という文言が加入されているものである（改正
前民法1034条には、そのような限定はなされていない。）。

　(3)　受遺者又は受贈者の保護

　改正民法1047条5項は「裁判所は、受遺者又は受贈者の請求により、
第1項の規定により負担する債務の全部又は一部の支払につき相当の
期限を許与することができる」と定めている。

　受遺者又は受贈者が遺留分権利者より遺留分侵害額の請求をされた
場合には、事情に応じその支払につき裁判所の許与を得て相当の期限
の猶予を得ることも可能になった。

　なお、遺留分権利者からの侵害額の支払請求に対し、受遺者・受贈

者から現物返還を申し出て、それにより侵害額支払請求を免れるという制度は導入されなかった。なお、受遺者・受贈者が遺留分権利者と合意することにより、現物をもって遺留分権利者に対して代物弁済するという途はあり得る。

3　預貯金と遺留分

(1)　預貯金と従来制度

　上述のとおり従来制度では、預貯金債権を目的財産として遺留分減殺がなされると、目的財産となった預貯金債権について、受遺者・受贈者と遺留分権利者との準共有が生じることになる（遺留分減殺の効果について、通説・判例である形成権＝物権的効果説に従うものとする。）。遺留分減殺の対象が不動産や不可分債権である場合には、受遺者・受贈者と遺留分権利者との共有ないし準共有ということになる。

　しかし、遺留分減殺の対象が預貯金債権であるときは、平成28年最高裁大法廷決定以前においては、郵便局定額貯金を除いて預貯金債権は可分債権であると考えられてきていた。したがって、可分債権である預貯金債権に遺留分減殺がなされると、減殺がなされた限度でその預貯金債権部分は遺留分権利者のものとなり、減殺がなされなかった範囲の預貯金債権部分は、受遺者・受贈者のものとなるという、いわば分属の関係となると解されていた。

　その場合、遺留分権利者は、遺留分減殺により自らが取得した預貯金債権部分について、自らが預貯金債権者として債務者である金融機関に対し、払戻請求もできるし、金融機関が任意の支払に応じないときは、遺留分権利者が原告となり、金融機関を被告として支払請求訴訟を提起することもできる。金融機関が受遺者・受贈者に対し（遺留分権利者が取得している部分についても）預貯金債権の支払をしようとする場合には、支払禁止を求める仮処分申請もでき得るものと考え

第1章　相続預貯金の法律知識　　45

られてきた。

　なお、平成28年最高裁大法廷決定後に、預貯金債権について、遺留分減殺請求権が行使されたときの取扱いは、当該遺言の内容によって異なってくると考える。すなわち、①遺言において預貯金債権について特定財産承継の定めがあって、遺産分割を要せずして、預貯金債権の承継者が決まる場合には、（平成28年最高裁大法廷決定の射程の範囲外として）当該預貯金債権は遺言に定める承継者と遺留分権利者との（準）共有関係にあるものと考えられ、遺留分権利者は、承継者との間の調停や訴訟において、遺留分減殺に関して解決が図られることになる。

　また、②遺言において、相続分（割合）の定めがなされているだけであって、そもそも具体的な遺産の分割については、（遺言があっても）遺産分割手続が必要とされるときに、その相続分（割合）について、遺留分減殺請求をした場合には、まず、遺産について相続人ら間において（協議、調停、審判等の）遺産分割手続を行い、それら遺産分割の手続と同時に、遺留分減殺についても解決を図るか、あるいは、必要に応じ遺産分割の手続の後に、訴訟において遺留分減殺に関する解決が図られることになる。

　(2)　預貯金と改正後の扱い

　改正民法1046条において、遺留分は、受遺者・受贈者に対する遺留分侵害額に相当する金銭の支払を請求する権利として構成された。これは、従来制度において、遺留分減殺請求権が形成権＝物権的効果を生じ、遺留分権利者は、遺留分減殺の目的物について直接の権利を持つものとして扱われてきたのに対し、改正後は、遺留分権利者は、受遺者・受贈者に対し、遺留分侵害額に相当する金銭の支払を請求する権利（債権）を持つにすぎないとの扱いと変更されたものである。

　したがって、遺留分権利者が預貯金債権に対して遺留分を主張する

としても、（遺留分減殺された範囲内でも）預貯金債権を直接取得することがなくなったものである。

　よって、遺留分権利者が原則として直接に預貯金債権についての債務者である金融機関に対して支払を請求する権利は与えられないこととなった。遺留分権利者は、受遺者・受贈者に対して侵害額の支払請求をするのみとなった。

　遺留分侵害額請求権は、基本的に受遺者・受贈者と遺留分権利者との間で解決すべき事柄とされたので、遺留分権利者からの権利行使がなされても、そのことを考慮せずに、金融機関は、受遺者・受贈者からの預貯金債権の払戻請求に応じるべきである。

　遺留分権利者から金融機関に対して預貯金債権について何らかの権利行使をしたい場合には、まず、受遺者・受贈者に対し、遺留分侵害額支払請求を行い、支払を命ずる判決等の債務名義を取得した上で、受遺者・受贈者が金融機関に対して有する預貯金債権を差し押えることが考えられる。また、その債務名義取得以前の段階でも保全の必要性がある場合には、遺留分権利者が受遺者・受贈者に対して有する遺留分侵害額支払請求権を被保全権利として、受遺者・受贈者が金融機関に対して有する預貯金債権を仮差押えするということも考えられる。

第1章　相続預貯金の法律知識　　47

第6　金融機関に対する預貯金の払戻請求

　相続が生じた後、相続人や受遺者、遺言執行者等は金融機関に対して、相続預貯金の払戻請求を行う。

　以下では、①遺言がない場合に行う法定相続人の一部による相続預貯金の払戻請求、②遺言がある場合に受益相続人が行う相続預貯金の払戻請求を代表例として取り上げた上、様々な事情があるケースにおける相続預貯金の払戻請求を取り上げる。

1　遺言がない場合に行う相続預貯金の払戻請求

(1)　通常のケース

　遺言がない場合に法定相続人が相続預貯金の払戻請求をする場合、法定相続人全員がこれを行うのが通常のケースといえるが、一部の相続人同士が折り合いが悪いなどの理由により、法定相続人の一部のみで相続預貯金の払戻請求を行うケースも多い。

　しかしながら、法定相続人が複数いる場合に、法定相続人の一人からの相続預貯金の払戻請求は原則として認められない。

　以下詳述する。

ア　平成28年最高裁大法廷決定

　法定相続人が複数いる場合に、法定相続人の一人からの相続預貯金の払戻請求が原則として認められないのは、平成28年最高裁大法廷決定により、被相続人の預貯金について、相続が生じた場合、相続開始と同時に当然に相続分に応じて分割されることはなく、遺産分割の対象となると考えられているためである。したがって、相続預貯金は共同相続人の準共有となる。相続預貯金は相続人の準共有になるため、相続人全員による遺産分割協議が必要であり、相続預貯金の払戻しは、

相続人全員によることが必要となる。

これは、法定相続人の一人が、相続預貯金の全額について払戻しをすることができないというだけではなく、相続預貯金の法定相続分相当額についても払戻しをすることができないということである。

イ　相続預貯金の払戻請求が可能な場合

相続預貯金の払戻請求を行うことができるのは、相続人全員の合意がある場合、遺言がある場合、遺産分割審判がなされた場合などに限られる。

相続人全員の合意がある場合とは、典型的には、相続人全員による遺産分割協議書を提出する場合や、相続人全員による相続手続書類を提出する場合である。

ただし、相続手続書類上は、相続人一人からの請求であっても、他の全相続人の同意が別途確認できる場合は、金融機関は払戻しに応じてもよいと考えられている（浅田隆「相続預金の可分性に関する最高裁大法廷決定を受けて―各界からのコメント―」金融法務事情2058号16頁（2017））。

ウ　預貯金の種類による違い

以上の取扱いは、普通預金、定期預金、通常貯金、定額貯金、定期貯金いずれについても同様である（普通預金、通常貯金、定期貯金に関しては平成28年最高裁大法廷決定、定期預金に関しては最高裁平成29年4月6日判決（裁判集民255・129）。定額貯金についても、平成28年最高裁大法廷決定の判旨から同様と考えられる。）。

エ　平成28年最高裁大法廷決定前の実務

平成28年最高裁大法廷決定前の実務は、以上とは異なる。

従前は、相続により預貯金債権は可分債権として当然分割となり、法定相続人は、各人が、法定相続分に応じて預貯金債権を分割取得すると考えられてきた。このため、相続人の一人から金融機関に対して相続預貯金の払戻請求がなされた場合、金融機関は、原則としては、相続人全員の同意を求めつつも、事情に応じて法定相続分相当額の払

戻しに応じてきた。

　上記の最高裁決定により、相続預貯金払戻しに関する実務対応が変更され、従来よりも法定相続人の一人による払戻請求は難しくなった点には留意が必要である。

　　　オ　払戻請求をする場合の必要書類

　遺言がない場合において、法定相続人の一部が相続預貯金の払戻しを請求しようとする場合の必要書類は、以下のとおりである。

① 　被相続人の出生から死亡までの除籍謄本、改製原戸籍、戸籍謄本（全部事項証明書）又は認証文付法定相続情報一覧図の写し

② 　相続人全員の戸籍謄本（全部事項証明書）

③⑦ 　相続人全員による遺産分割協議書及び印鑑登録証明書

　⑦ 　相続人全員による相続預貯金払戻依頼書及び印鑑登録証明書

　⑦ 　家庭裁判所の調停調書謄本又は審判書謄本及び確定証明書

　　（ア）　戸籍謄本（全部事項証明書）

　相続預貯金の払戻しに関して、①被相続人の出生から死亡までの除籍謄本、改製原戸籍、戸籍謄本（全部事項証明書）と、②相続人全員の戸籍謄本（全部事項証明書）を提出する必要がある。

　除籍謄本とは、戸籍に記載されていた人全員が婚姻や死亡によって戸籍から除かれ、結果としてその戸籍に誰もいなくなった戸籍簿の謄本のことをいう。

　改製原戸籍とは、改製前の戸籍をいう。

　除籍謄本、改製原戸籍、戸籍謄本（全部事項証明書）いずれも、相続人であれば、本籍地の市区町村役場において取得することが可能である。

　①被相続人の出生から死亡までの除籍謄本、改製原戸籍、戸籍謄本（全部事項証明書）と、②相続人全員の戸籍謄本（全部事項証明書）は、預金者（被相続人）が死亡したことの確認と、預金者の法定相続人及び法定相続分の確認のために必要となる。

被相続人の戸籍に関して、最新のものだけではなく、出生から死亡までが必要とされているのは、最新の戸籍には、過去の親子関係などが記載されていないことがあるためである。例えば、親子は当初同じ戸籍になるが、子が結婚した場合、子は新たな戸籍を作成することになる。子が結婚すると、親の戸籍に、子が新戸籍編製につき除籍されたことは記載されるが、その後、親が戸籍を移動した場合、新たな親の戸籍には、子の記載はなくなる。このような場合、最新の戸籍を見ただけだと、子供がいたことなどが分からないということになる。したがって、被相続人の戸籍謄本（全部事項証明書）に関しては、出生から死亡までの全期間についてこれを取得する必要がある。

なお、被相続人の年齢によっては、戸籍謄本（全部事項証明書）が古すぎて、過去のものが市区町村役場に残っていないなどということもあり得る。このような場合、被相続人の当時の年齢において、子供を設けることがおよそ考えられないような場合（例えば10歳以下など）には、金融機関によっては、当該期間の戸籍謄本（全部事項証明書）の提出をしなくても、払戻請求が認められることもあり得る。

　（イ）　認証文付法定相続情報一覧図の写し

戸籍謄本（全部事項証明書）を提出する代わりに「認証文付法定相続情報一覧図の写し」を提出することも可能と考えられる。

①被相続人の出生から死亡までの除籍謄本、改製原戸籍、戸籍謄本（全部事項証明書）と、②相続人全員の戸籍謄本（全部事項証明書）を収集の上、これらと共に、法定相続情報一覧図と申出書を法務局に提出すると、法務局より、「認証文付法定相続情報一覧図の写し」の交付を受けることができる。

この法定相続情報証明制度は、相続登記の申請手続をはじめ、被相続人名義の預金の払戻し等、様々な相続手続に利用されることで、相続手続に係る相続人・手続の担当部署双方の負担を軽減するために設けられたものである。

第1章　相続預貯金の法律知識　　　51

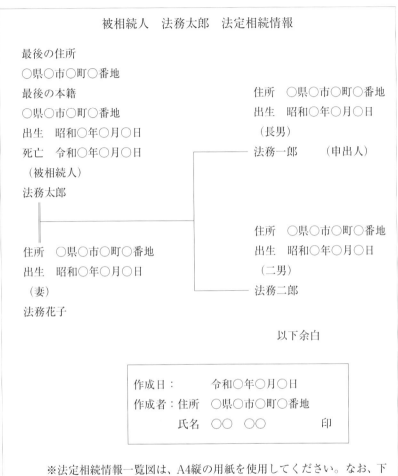

※法定相続情報一覧図は、A4縦の用紙を使用してください。なお、下から約5cmの範囲に認証文を付しますので、可能な限り下から約5cmの範囲には記載をしないでください。紙質は、長期保存することができる丈夫なものにしてください。また、文字は、直接パソコンを使用し入力するか、又は黒色インク、黒色ボールペン（摩擦等により見えなくなるものは不可）で、楷書ではっきりと書いてください。

（法務局「主な法定相続情報一覧図の様式及び記載例」、http://houmukyoku.moj.go.jp/homu/page7_000015.html、（2019.9.13））

（ウ） 遺産分割協議書

被相続人の預貯金について、相続が生じた場合、相続開始と同時に当然に相続分に応じて分割されることはなく、遺産分割の対象となる（平成28年最高裁大法廷決定）。

そして、相続預貯金の払戻しは、相続人全員によらなければならないため、相続人全員が払戻しを請求したことを確認する書類として、遺産分割協議書や相続預貯金払戻依頼書を提出する必要がある。

また、相続人本人が、遺産分割協議書や相続預貯金払戻依頼書に署名押印したことの確認のため、相続人各人の印鑑登録証明書を提出する必要がある。

（エ） 調停調書謄本

家庭裁判所における遺産分割調停において、相続人間に合意が成立すると、裁判所の調書に記載がなされる。この調書の記載は、確定判決と同一の効力を有する（家事268）。

上記のとおり、被相続人の預貯金について払戻しをするには、相続人全員の合意が必要であるが、遺産分割調停も、相続人全員の合意によって成立するため、調停調書謄本を提出することによって、払戻請求をすることも可能である。

（オ） 遺産分割審判

家庭裁判所における遺産分割審判において、審判が確定すると、審判内容に沿った効力が生じる。審判は確定することが必要であるため、審判書謄本と確定証明書を提出する必要がある。

審判書謄本及び確定証明書を提出することによって、払戻請求をすることも可能である。

(2) 便宜払いの可否

法定相続人の一部が相続預貯金の払戻請求を行うことは、原則として難しいと考えられるが、火急の事情がある場合などは、金融機関に

第1章　相続預貯金の法律知識　　53

対して便宜払いを求める場合もありうる。

　相続人の一人が、便宜払いの請求を行った場合、法的にはかかる便宜払いの請求を正当化することは原則として難しいと考えられるが、実務上、金額の多寡等によっては、認められる場合もある。なお、相続法改正により、預金の一部の払戻しは、法的に認められることになった。

　以下詳述する。

　　ア　便宜払い

　相続預貯金の払戻請求は、相続人全員により行う必要があるが、一方で、生活費、公租公課その他相続債務の支払のための費用、葬儀費用のための資金が火急に必要だとして、相続預貯金の払戻しを求める必要がある場合もある。

　このような場合、金融機関は、二重払いのリスクもあるが、一定の金額内であれば、実務上、便宜払いに応じてくれるということもあり得る。

　なお、平成28年最高裁大法廷決定の前までは、相続預貯金は各相続人に当然分割されると考えられていたため、各相続人の法定相続分までの金額であれば、一部の相続人に相続預貯金の払戻しをするということも考えられた。しかしながら、上記決定により、そのような理由付けも難しくなった。また、上記決定では、相続人の一部が火急に相続預貯金の払戻しを希望する場合には、仮払いの仮処分の制度を利用することが提案されている。

　以上からすれば、現在では、従来より便宜払いを認めてよい範囲が狭まったと考えられ、また、相続預貯金の払戻しを希望する相続人に対しては、仮払いの仮処分の制度を利用してもらうのが原則的な取扱いと考えられる（ただし、葬儀費用については、仮払いの仮処分の制度を利用することは難しいと考えられている。）。

54　第1章　相続預貯金の法律知識

　イ　相続法改正

　民法（相続関係）の改正により、各相続人は、遺産に属する預貯金債権のうち相続開始の時の債権額の3分の1に法定相続分を乗じた額（ただし、150万円を限度とする。）については、単独で払い戻すことができる、との規定が設けられた（改正民909の2、民法第909条の2に規定する法務省令で定める額を定める省令）。

　この規定に基づいて各相続人が金融機関に払戻請求をする場合には、①相続人が死亡した事実、②相続人の範囲及び③払戻しを求める者の法定相続分が分かる資料の提示が必要になるものと考えられ、具体的には戸籍謄本（全部事項証明書）や認証文付法定相続情報一覧図の写しの提出が必要になる。

　上記のうち、払戻しを求める金額の上限については、金融機関ごとに判断する。したがって、A銀行の普通預金に600万円、A銀行の定期預金に900万円、B銀行の定期預金に600万円の普通預金があり、法定相続分2分の1の相続人が改正民法909条の2に基づいて預金の払戻請求をする場合には、A銀行からは、（600万円＋900万円）×1／3×1／2＝250万円となるが、150万円を超えるため、150万円が上限となり、B銀行からは、600万円×1／3×1／2＝100万円が上限となる。なお、A銀行から払戻しを受ける場合、普通預金からの払戻しの上限額は、600万円×1／3×1／2＝100万円、定期預金からの払戻しの上限額は、900万円×1／3×1／2＝150万円となり、これら上限額の範囲内であれば、いずれの預金からいくら払戻しを受けるかは、相続人の判断に委ねられる。

　改正民法909条の2の規定により相続人が預貯金の払戻しを受けた場合、遺産分割においては、当該相続人が一部分割により既に取得したものとみなされる（改正民909の2）。したがって、改正民法909条の2の規定による払戻金額が、当該相続人の具体的相続分を超過する場合には、当該相続人はその超過部分を清算すべき義務を負う。

第1章　相続預貯金の法律知識　　55

(3)　一部の相続人が相続放棄をした場合

　相続預貯金の払戻請求を行うに当たって、一部の相続人が相続放棄をしているという場合があり得る。

　このような場合、法定相続人が相続預貯金の払戻しを請求するには、通常の必要書類の他、相続放棄をした相続人に関して、相続放棄申述受理証明書を提出する必要がある。

　以下詳述する。

　　ア　相続放棄

　相続放棄とは、相続人が相続開始による包括承継の効果を消滅させる意思表示をいう。

　相続放棄をすると、放棄した相続人は、その相続に関しては最初から相続人にならなかったものと扱われる（民939）。

　相続放棄をする場合、放棄を希望する相続人は、被相続人の最後の住所地にある家庭裁判所に対して、自己のために相続が開始したことを知った時から3か月以内に、相続放棄の申述を行う必要がある（民915①）。

　家庭裁判所が相続放棄の申述を受理した場合、申述人は、相続放棄申述受理証明書の交付を受けることができる。

　相続放棄をする理由は、資産より債務が超過している場合が代表例であるが、それ以外にも、被相続人から生前贈与を受けていた場合や、相続人同士で関わり合いを持ちたくない場合など、様々である。

　　イ　法定相続人が代わる場合

　相続放棄により、法定相続人が代わる場合があり得るため、注意が必要である。

　例えば、被相続人Ａが死亡し、相続人が妻Ｂと子Ｃの場合で、子Ｃが相続放棄をしたケースを考える。

　この場合、子Ｃの相続放棄により、第一順位である子の相続人はい

なくなる。仮に子Cの子（被相続人の孫）として、Dがいる場合にも、相続放棄によって代襲相続は生じないため、Dは相続人にはならない。

第一順位である子の相続人がいなくなると、次は第二順位の親がいるかを確認する必要があり、第二順位である直系尊属（親など）がいなければ、第三順位であり兄弟姉妹がいるかを確認する必要がある。

このように、相続放棄をすることにより、当初と法定相続人が異なってくる可能性がある。

法定相続人が代わる場合には、当然、新たに法定相続人になった者の戸籍謄本（全部事項証明書）や、その者との間での遺産分割協議書が必要になる。

　　ウ　相続預貯金の払戻しにおける必要書類
　　（ア）　通常の場合

例えば、被相続人Aが死亡し、相続人が妻Bと子C、子Dで、子Dが相続放棄をした場合、相続預貯金の払戻しには、以下の書類が必要である。

①　子Dの相続放棄申述受理証明書
②　被相続人Aの出生から死亡までの除籍謄本、改製原戸籍、戸籍謄本（全部事項証明書）
③　相続人全員（B、C、D）の戸籍謄本（全部事項証明書）
④　D以外の相続人（B、C）による遺産分割協議書及び印鑑登録証明書

【相続放棄申述受理証明書】

相続預金の払戻しに際して、一部の相続人が相続放棄をしている場合には、相続放棄をした相続人に関して、相続放棄申述受理証明書を提出する必要がある。

【遺産分割協議書】

相続放棄をすると、最初から相続人にならなかったものと扱われるため、相続放棄をした相続人以外の相続人との関係では、相続人全員

第1章　相続預貯金の法律知識　　57

による遺産分割協議書などを提出する必要がある。

　　（イ）　法定相続人が代わる場合

　例えば、被相続人Ａが死亡し、相続人が妻Ｂと子Ｃで、子Ｃが相続放棄をしたが、被相続人の直系尊属は既に死亡しているものの、弟としてＥがいる場合、相続預金の払戻しには、以下の書類が必要である。

① 　子Ｃの相続放棄申述受理証明書

② 　被相続人Ａの出生から死亡までの除籍謄本、改製原戸籍、戸籍謄本（全部事項証明書）

③ 　相続人全員（Ｂ、Ｃ、Ｅ）の戸籍謄本（全部事項証明書）

④ 　Ｃ以外の相続人（Ｂ、Ｅ）による遺産分割協議書及び印鑑登録証明書

　　（4）　限定承認がなされた場合

　相続預貯金の払戻請求を行うに当たって、限定承認がなされているという場合があり得る。

　相続人が限定承認した場合、相続財産管理人である相続人のみが、相続預貯金を払い戻すことができる。

　以下詳述する。

　　ア　限定承認

　限定承認とは、相続人が、相続によって得た財産の限度においてのみ被相続人の債務及び遺贈を弁済すべきことを留保して、相続の承認をすることをいう（民922）。

　限定承認を行うと、相続人としては、被相続人の債権者や受遺者に対して、相続財産の限度においてのみ責任を負えばよくなり、自己の財産から責任を負う必要はなくなる。

　限定承認は、共同相続人全員が共同して行う必要があり（民923）、熟慮期間内に相続財産の目録を作成して家庭裁判所に提出して、限定承認をする旨を申述する必要がある（民924）。

　相続人が数人いる場合に、限定承認の申述が受理されると、家庭裁

判所は、相続人の中から相続財産管理人を選任する。この相続財産管理人が、相続財産の管理及び債務の弁済に必要な一切の権限を有する（民936）。

限定承認者は、限定承認をした後5日以内に、全ての相続債権者及び受遺者に対し、限定承認をしたこと及び一定期間（最低2か月）以内にその請求の申出をすべき旨を官報により公告する必要があるとともに、知れている相続債権者及び受遺者に対しては、各別にその申出の催告をする必要がある（民927）。

一方、相続債権者としては、公告期間内に請求の申出をする必要がある。請求の申出をしなかった場合、残余財産についてしか権利を行使することができなくなり、申出をした債権者より劣後してしまう（民935）。

公告期間満了後、限定承認者は、相続財産をもって、その期間内に請求の申出をした相続債権者その他知れている相続債権者に、それぞれその債権額の割合に応じて弁済をする必要がある（民929）。そして、相続債権者に弁済した後、受遺者に弁済を行う（民931）。

　イ　相続預貯金の払戻し

上述のとおり、相続人が数人いる場合に、限定承認の申述が受理されると、相続人の中から相続財産管理人が選任される。そして、相続財産管理人が、相続財産の管理及び債務の弁済に必要な一切の権限を有するので、この相続財産管理人である相続人のみが、相続預貯金の払戻しをすることができる。

他の相続人は、相続財産に対する管理処分権限を失ったものと考えられるため（京都地判昭44・1・29判タ233・117）、相続預貯金の払戻しをすることはできない。

　ウ　金融機関が相続債権者である場合

金融機関が被相続人に対して貸金債権を有していたなど、相続債権

者である場合、相続預貯金と相殺されることはあるか。

東京地裁平成9年7月25日判決（判タ971・167）は、銀行が、被相続人の預金債権と連帯保証債務とを相殺したことが問題となった事案であるが、相殺することができると判示している。

したがって、金融機関が相続債権者の場合には、相続債権と相続預貯金とを相殺しようとして、相続財産管理人に対して、相殺の意思表示を行う場合がある。

(5)　一部の相続人が相続分の放棄や譲渡を行っている場合

相続預貯金の払戻請求を行うに当たって、一部の相続人が相続分の放棄や譲渡を行っているという場合があり得る。

一部の相続人が相続分の放棄や譲渡を行っている場合、相続分の放棄や譲渡をした相続人以外の相続人全員によって遺産分割協議を行い、また、相続分の放棄や譲渡をした相続人の相続分放棄証書又は相続分譲渡証書等を提出して、相続預貯金の払戻請求を行う必要がある。

以下詳述する。

　ア　相続分の放棄

相続分の放棄とは、相続財産に対する共有持分権を放棄する意思表示をいう。

相続放棄と似ているが、以下のような違いがある。

① 　相続放棄では、相続が開始したことを知った時から3か月以内に家庭裁判所へ申述を行うことが必要であるが、相続分の放棄では、時期に制限はなく、方式も問われない。

② 　相続放棄は、相続財産も相続債務も共に承継を拒否するものであるが、相続分の放棄は、あくまで相続財産の承継を放棄する意思表示であり、相続債務についての負担を免れるものではない。

③ 　相続放棄では、当該相続人が当初からいなかったものとして、相続財産が他の相続人に帰属することになるが、相続分の放棄では、

当該相続人の相続分を、他の相続人が元の相続分割合で取得することになる。したがって、相続分の放棄では、相続放棄とは異なり、法定相続人が代わるということはない。

以上の違いから明らかなように、相続放棄は、主に相続財産より相続債務の方が多い場合などに利用されるが、相続分の放棄は、相続人が被相続人と縁遠かったなどの理由で、相続財産の取得を希望しない場合などに利用される。

　イ　相続分の譲渡

相続分の譲渡とは、債権と債務とを包括した遺産全体に対する譲渡人の割合的な持分を移転することをいう（民905）。

相続分の譲渡も相続分の放棄も、主に相続財産を取得することを希望しない相続人がいる場合に用いられるが、相続分の譲渡は、特定の相続人に相続分を譲渡したい場合に用いられ、相続分の放棄は、特に特定の相続人に相続分を譲渡したい意向がない場合に用いられる。

　ウ　相続預貯金の払戻し

相続分の放棄も相続分の譲渡も、当該相続人が相続預貯金を含む相続財産について、取得しないとの意思表示を内容とするものである。

したがって、相続分の放棄や譲渡をした相続人以外の相続人が、預貯金債権について共有持分を有することになるので、相続分の放棄や譲渡をした相続人以外の相続人全員により相続預貯金の払戻請求を行う必要がある。

　エ　特別受益証明書

特定の相続人が相続財産を取得する場合、他の相続人が「被相続人から生前贈与を受けたので相続分がない旨の証明書」を作成することがある。この証明書を特別受益証明書（相続分不存在証明書）という。

この特別受益証明書は、主に不動産の移転登記のための登記原因証書として利用されるが、相続預貯金の払戻しにおいても、当該相続人

第1章　相続預貯金の法律知識　　61

が相続分の放棄をしたことの証明書として利用することは可能と考えられる。

　　オ　相続預貯金の払戻しにおける必要書類

　一部の相続人が、相続分の放棄や相続分の譲渡をしている場合、相続預貯金の払戻しには、以下の書類が必要である。

①　被相続人の出生から死亡までの除籍謄本、改製原戸籍、戸籍謄本（全部事項証明書）

②　相続人全員の戸籍謄本（全部事項証明書）

③　相続分の放棄や譲渡をした相続人以外の相続人全員による遺産分割協議書及び印鑑登録証明書等

④　相続分の放棄や譲渡をした相続人の相続分放棄証書又は相続分譲渡証書及び印鑑登録証明書等

【相続分放棄証書又は相続分譲渡証書】

　一部の相続人が相続分の放棄や相続分の譲渡をしたことを確認するための書類として、相続人が作成した相続分放棄証書又は相続分譲渡証書を提出する必要がある。

【遺産分割協議書】

　相続分の放棄や譲渡をした相続人以外の相続人が、預貯金債権について共有持分を有することになるので、相続分の放棄や譲渡をした相続人以外の相続人全員による遺産分割協議書を提出する必要がある。

　（6）　相続人の一人が行方不明となっている場合

　相続預貯金の払戻請求を行うに当たって、相続人の一人が行方不明となっている場合があり得る。

　相続人の一人が行方不明となっている場合、相続人全員からの請求ではないため、原則として相続預貯金の払戻しを請求することはできない。

　相続預貯金を払い戻すためには、不在者財産管理人の選任申立てや、

遺産分割審判申立てを検討する必要がある。

以下詳述する。

　　ア　相続人の一人が行方不明の場合の預貯金の払戻し

相続預貯金の払戻しは、相続人全員によらなければならないため、相続人の一人が行方不明となっている場合には、便宜払い等の例外的な場合を除き、相続預貯金の払戻しを請求することはできない。

　　イ　不在者財産管理人の選任

相続人が行方不明の場合に、相続預貯金の払戻しをするための方法としては、不在者財産管理人の選任を申し立てる方法が考えられる。

不在者財産管理人とは、不在者の財産の管理・保存を行う者をいう（民25）。不在者財産管理人は、行方不明の相続人に代わって、相続財産に関して遺産分割協議をすることができる。

相続人が不在者財産管理人を選任するためには、不在者の従来の住所地又は居所地を管轄する家庭裁判所に対して、申立てを行う必要がある（家事145）。

申立てを受けた家庭裁判所は、不在者の不在の事実の調査（不在者の犯罪歴の確認、運転免許証の更新の有無など）を行い、不在者であることを確認した場合には、不在者財産管理人を選任する。

そして、不在者財産管理人と行方不明者以外の相続人全員との間で遺産分割協議を行い、相続預貯金の払戻しを行うのである。

　　ウ　遺産分割審判

上述した不在者財産管理人は、あくまで「不在者であること」、すなわち、従来の住所又は居所を去って容易に帰ってくる見込みのない者であること、が選任の要件となっている。

したがって、例えば、在監者であるとか、行方は分かっているものの、どうしても他の相続人との協議に応じない者である場合などは、不在者財産管理人は選任されない。

第1章　相続預貯金の法律知識　　63

　このような場合に、相続預貯金の払戻請求をするための方法として
は、遺産分割調停や遺産分割審判を申し立てる方法が考えられる。

　家庭裁判所に遺産分割調停を申し立てても、当該相続人が調停に出
席することは期待できないため、調停成立は難しいと思われるが、調
停に代わる審判（家事284①）をしてもらうことがあり得る。また、遺産
分割審判がなされることも考えられる。これらの方法により、家庭裁
判所により、遺産分割の内容を決めてもらうことになる。

　　エ　相続預貯金の払戻しにおける必要書類

　　（ア）　不在者財産管理人を選任した場合

　不在者財産管理人を選任した場合、相続預貯金の払戻しには、以下
の書類が必要である。

①　被相続人の出生から死亡までの除籍謄本、改製原戸籍、戸籍謄本
　（全部事項証明書）

②　相続人全員の戸籍謄本（全部事項証明書）

③　行方不明者以外の相続人全員と不在者財産管理人による遺産分割
　協議書及び印鑑登録証明書等

④　不在者財産管理人選任に関する審判書謄本及び確定証明書

【遺産分割協議書】

　不在者財産管理人は、行方不明の相続人に代わって、相続財産に関
して遺産分割協議をすることができるため、不在者財産管理人と行方
不明者以外の相続人全員による遺産分割協議書を提出する。

　　（イ）　遺産分割審判による場合

　遺産分割審判による場合、相続預貯金の払戻しには、以下の書類が
必要である。

①　被相続人の出生から死亡までの除籍謄本、改製原戸籍、戸籍謄本
　（全部事項証明書）

②　相続人全員の戸籍謄本（全部事項証明書）

③　家庭裁判所の審判書謄本及び確定証明書

（7）　相続人に未成年の子がいる場合

相続預貯金の払戻請求を行うに当たって、相続人に未成年の子がいる場合があり得る。

相続人に未成年の子がいる場合、未成年の子は単独で有効な法律行為ができないため、親権者に法定代理人として遺産分割協議書に署名押印をしてもらうか、親権者も相続人の場合には、特別代理人を選任した上、特別代理人に遺産分割協議書に署名押印をしてもらい、預貯金の払戻請求をする必要がある。

以下詳述する。

　ア　相続人に未成年の子がいる場合の預貯金の払戻請求

相続預貯金の払戻しは、相続人全員によらなければならないため、相続人に未成年の子がいる場合には、未成年の子も含めて相続人全員により払戻請求をする必要がある。

しかしながら、未成年の子に遺産分割協議書に署名押印などしてもらうだけでは不十分である。

なぜなら、未成年者は、単独で有効な法律行為をすることはできないからである。

未成年者が法律行為をするには、法定代理人の同意を得なければならず、法定代理人の同意がない法律行為は、取り消すことができるとされている（民5）。

また、法定代理人には、未成年者の財産を管理する権限と、財産に関する法律行為についての代理権がある（民824）。

以上からすると、未成年の子については、代理権を有する法定代理人に、代理人として、遺産分割協議書に署名押印をしてもらう必要があるということになる。

ここで、法定代理人とは、通常は親権者となるが、親権は共同で行

第1章　相続預貯金の法律知識　　65

使しなければならないため（民818③）、両親がいる場合には、両親とも
に未成年者の子の法定代理人として署名押印をする必要がある。

　　イ　利益相反行為

　未成年者の子も親権者も共に相続人になる場合には、利益相反行為
に注意する必要がある。

　例えば、夫が死亡し、妻と未成年の子が相続人になる場合が代表例
である。

　利益相反行為とは、親権者の利益と子の利益が衝突するような行為
をいう。このような行為は、親権の公正な行使が期待できないと考え
られる。したがって、利益相反行為に該当する場合には、親権者には
代理権はない。

　そして、親権者と未成年の子との間における遺産分割協議も利益相
反行為に該当すると考えられている（大阪高決昭41・7・1家月19・2・71）。

　したがって、相続預貯金の払戻しにおいても、同じ相続人である親
権者には、未成年の子の代理権はない。

　利益相反行為に該当する場合に代理権を行使するには、親権者に、
家庭裁判所において特別代理人を選任してもらう必要がある（民826）。
特別代理人は、当該行為について代理権を有することとなるため、他
の相続人と特別代理人との間で遺産分割協議を行うことになる。

　　ウ　相続預貯金の払戻しにおける必要書類

　相続人に未成年の子がおり、しかも、親権者も相続人であるため特
別代理人を選任する必要がある場合、相続預貯金の払戻しには、以下
の書類が必要である。

①　被相続人の出生から死亡までの除籍謄本、改製原戸籍、戸籍謄本
　（全部事項証明書）

②　相続人全員の戸籍謄本（全部事項証明書）

③　未成年の子以外の相続人全員と特別代理人による遺産分割協議書

及び印鑑登録証明書

④　特別代理人選任の審判書謄本及び確定証明書

(8)　預金者が死亡した後、さらに相続人が死亡した場合

相続預貯金の払戻請求を行うに当たって、相続人の一人が死亡してしまった場合があり得る。

預金者が死亡した後、さらにその相続人の一人が死亡した場合、相続預貯金は、死亡した相続人の相続人に、法定相続分に応じて承継されることになるので、死亡した相続人の相続人を含む相続人全員によって遺産分割協議等をした上で、相続預貯金の払戻請求をすることになる。

以下詳述する。

　ア　再転相続

相続預貯金の払戻前に、相続人の一人が死亡した場合、相続預貯金は、相続人の相続人に、法定相続分に応じて承継されることになる（ここで各相続人が取得するのは、遺産準共有持分であり、単独で行使はできない。）。

例えば、被相続人Aに相続人として子Bと子Cがいる場合、被相続人Aの死亡により子Bと子Cは相続預貯金を2分の1ずつ承継することになるが、相続預貯金の払戻しの前にBが死亡し、Bには相続人として子Dと子Eがいる場合、DとEはBの相続預貯金を2分の1ずつ承継する。

したがって、被相続人Aの相続預貯金は、Cが2分の1を、D、Eが4分の1ずつ承継することになる。

　イ　代襲相続との違い

再転相続は、被相続人が死亡した後に相続人が死亡した場合に生ずるのに対し、代襲相続は、被相続人が死亡する前に、推定相続人が死亡する場合に生じる。両者は似ている点もあるが、以下のような違いがある。

第 1 章　相続預貯金の法律知識　　67

① 承継する相続人が異なることがある。

　代襲相続は、法律で規定された代襲相続人が相続人となるが、再転相続の場合には、相続人の相続人が再転相続人となる。

　例えば、被相続人Aに相続人として子B、子Cがおり、子Bには妻Dと子Eがいる場合を考える。

　Aが死亡する前にBが死亡しているケースだと、Aの相続人は、子Cと代襲相続人である孫Eとなり、CとEの相続分は2分の1ずつとなる。

　一方、Aが死亡した後に、Bが死亡した場合、再転相続により、Bの相続分は、DとEが2分の1ずつを承継する。したがって、Aの相続財産との関係では、Cが2分の1、DとEが4分の1ずつということになる。

② 再転相続の場合、元の相続人が相続放棄や遺言をしている場合がある。

　例えば、上記のケースを前提に、Aが死亡した後に、Bが死亡した場合を考えると、BがAの相続財産について生前に相続放棄をしていると、Aの相続財産はCだけが取得することになる。

　また、Bが遺言を残しており、全財産をDに相続させるという内容であった場合、Aの相続財産との関係では、CとDが2分の1ずつということになる。

　　ウ　相続預貯金の払戻し

　上記のとおり、相続預貯金の払戻し前に、相続人の一人が死亡した場合、相続預貯金は、死亡した相続人の相続人に、法定相続分に応じて承継されることになるので、死亡した相続人の相続人を含む相続人全員によって遺産分割協議等をした上で、相続預貯金の払戻請求をすることになる。

　　エ　相続預貯金の払戻しにおける必要書類

　相続預貯金の払戻し前に、相続人の一人が死亡した場合、相続預貯

金の払戻しには、以下の書類が必要である。

① 被相続人の出生から死亡までの除籍謄本、改製原戸籍、戸籍謄本（全部事項証明書）

② 相続人全員の戸籍謄本（全部事項証明書）

③ 死亡した相続人の出生から死亡までの除籍謄本、改製原戸籍、戸籍謄本（全部事項証明書）

④ 死亡した相続人についての相続人全員の戸籍謄本（全部事項証明書）

⑤ 相続人全員（死亡した相続人の相続人を含む。）による遺産分割協議書及び印鑑登録証明書

(9) 成年後見人が払戻請求する場合

被後見人の死後、成年後見人が相続預貯金の払戻請求をする場合があり得る。

成年後見人が、死後事務権限により、相続預貯金の一部の払戻請求を行うには、家庭裁判所の許可を得る必要がある。

以下詳述する。

　ア　成年後見人

成年後見人とは、本人が、精神上の障害により事理を弁識する能力を欠く常況にある場合に、親族等の請求により家庭裁判所から選任される者をいう（民7）。

成年後見人は、本人の財産管理に関する事務を行う必要があり（民858）、財産に関する法律行為についての代理権を有し（民859①）、本人が生存している際には、本人名義の預貯金についても払戻権限を有する。

本人が死亡すると、後見は終了する。したがって、成年後見人の代理権も消滅するので、本人の預貯金についての払戻権限も消滅するのが原則である。

イ　成年後見人の死後事務

しかしながら、成年後見人が相続人に財産を引き継ぐまでの間、相続財産の保全等のために必要な行為をしなければならないこともあり、法律上、成年後見人は、以下のような死後事務を行うことができるとされている（民873の2）。

① 　相続財産に属する特定の財産の保存に必要な行為
② 　相続財産に属する債務（弁済期が到来しているものに限る。）の弁済
③ 　成年後見人の死体の火葬又は埋葬に関する契約の締結その他相続財産の保存に必要な行為

上記の死後事務行為を行うことができるのは、「必要があるとき」である。

したがって、成年後見人が死後事務を行うことが必要でない場合（相続人が行っても特段問題ない場合）には、死後事務を行うことはできない。

また、「成年被後見人の相続人の意思に反することが明らかなとき」も、死後事務を行うことはできない。

成年後見人が死後事務を行うことができるのは、「相続人が相続財産を管理することができるに至るまで」である。基本的には死後事務は成年被後見人の死亡後2か月までを想定している（民870）。

上記3つの行為類型のうち、①及び②には家庭裁判所の許可は不要であるが、③を行うためには、家庭裁判所の許可が必要になる。そして、相続預貯金口座からの払戻しは、③に該当すると考えられるため、家庭裁判所の許可が必要になる。

被相続人の自宅の修繕や、被相続人の債務の弁済は、①や②に該当するが、修繕費を支払うための相続預貯金の払戻しや、債務の弁済のための相続預貯金の払戻しは、③に当たるので、どのような場合に相

続預貯金の払戻しを行うにせよ、家庭裁判所の許可が必要になる。

　ウ　相続預貯金の払戻し

　上記のとおり、成年後見人は、一定の範囲で死後事務権限を有する。ただし、相続預貯金の払戻しは、家庭裁判所の許可が必要な行為となるので、相続預貯金を払い戻すに当たっては、家庭裁判所の許可を得た上で、許可審判書謄本を提出する必要がある。

　なお、成年後見人への相続預貯金の払戻しに当たっては、相続人との間でトラブルが生じないかどうかにも注意する必要がある。相続人の意思に反することが明らかなときには、成年後見人は死後事務を行うことができないが、家庭裁判所の運用上、許可審判に当たり、各相続人への聴取を想定しておらず（日景聡ほか「『成年後見の事務の円滑化を図るための民法及び家事事件手続法の一部を改正する法律』の運用について」家庭の法と裁判7号93頁（2016））、払戻し後に、相続人が成年後見人に対し、苦情を申し立てることが考えられなくもない。無用のトラブルを避けるためには、成年後見人が払戻しを請求するに際しては、事前に相続人の意向を確認した方が良いと思われる。

2　遺言がある場合に行う相続預貯金の払戻請求

（1）　受益相続人が行う払戻請求

　遺言があり、遺言において特定の相続人に預貯金を相続させる旨の記載があるケースにおいて、相続預貯金の払戻請求を行う場合、原則として当該受益相続人のみで相続預貯金の払戻請求を行うことができる。

　以下詳述する。

　ア　相続預貯金の払戻請求

　遺言において特定の相続人に預貯金を相続させる旨の記載がある場合、特段の事情がない限り、遺産分割の方法を定めたものであるが、

被相続人死亡時に、何らの行為を要せずして、直ちに当該預貯金は当該相続人に相続により承継される（最判平3・4・19民集45・4・477）。

そして、当該権利移転は、法定相続分又は指定相続分の相続の場合と本質において異なることはないため、権利の取得に関して、対抗要件がなくとも第三者に対抗することができる（最判平14・6・10裁判集民206・445）。

したがって、相続預貯金の払戻請求を行う場合、原則として当該受益相続人のみで相続預貯金の払戻請求を行うことができる。

　イ　相続法改正

上記のとおり、現在の判例の下では、相続させる遺言による権利承継に関し、対抗要件の具備は不要と考えられている。

しかしながら、相続法改正では、相続による承継も、法定相続分を超える部分については、対抗要件の具備が必要とされており（改正民899の2①）、預貯金を相続させる旨の遺言も同様に、対抗要件の具備が必要と考えられる。

ただし、相続法改正では、債権の権利の承継に関しては、受益相続人が遺言の内容を明らかにして債務者に通知をすれば、共同相続人の全員が債務者に通知をしたものとみなす旨の規定が設けられている（改正民899の2②）。

そこで、相続法改正後も、相続預貯金の払戻請求を行う場合、原則として当該受益相続人のみで相続預貯金の払戻請求を行うことができると考えられる。

　ウ　払戻請求をする場合の必要書類

遺言があり、遺言において特定の相続人に預貯金を相続させる旨の記載があるケースにおいて、相続預貯金の払戻請求を行う場合の必要書類は、以下のとおりである。

① 遺言書

② （公正証書遺言以外の遺言の場合）検認済証明書

③ 被相続人の戸籍謄本（全部事項証明書）

④ 預貯金を相続する相続人の印鑑登録証明書

　（ア）　遺言書

　遺言による相続預貯金の払戻しをする場合には、当然のことながら、遺言書の提出が必要になる。

　公正証書遺言の場合には、公正証書遺言の正本又は謄本の提出が必要になる。

　公正証書遺言を作成すると、原本は作成した公証役場で保管され、正本と謄本が遺言者に交付される。謄本とは、原本の内容を記載した写しをいい、正本とは、謄本の一種であるが、原本と同じ効力のあるものをいう。

　相続預貯金の払戻しに際しては、正本、謄本のいずれの提出であっても問題ないと考えられる。

　遺言者死亡時において、公正証書遺言の正本も謄本も紛失している場合、相続人は、公証役場に謄本の交付を申請することが可能である。

　（イ）　検認済証明書

　公正証書遺言以外の遺言の場合には、家庭裁判所において検認手続を行い、遺言書に検認済証明書を付けてもらう必要がある（民1004）。

　検認とは、相続人に対して遺言の存在や内容を知らせるとともに、検認期日において遺言書の状態を確認して遺言書の偽造や変造を防止するための手続をいう（検認期日において、裁判所において遺言書の状態を確認するため、それ以降の偽造や変造ができなくなるということである。）。

　検認によって、遺言の有効性が確認されるわけではないが、相続登記手続においても、遺言書の検認を要求されており、相続預貯金の払戻手続においても、実務上、検認をすることが必要とされている。

第1章　相続預貯金の法律知識　　73

　検認は、遺言者の最後の住所地にある家庭裁判所に対して行う必要がある。必要書類として、家庭裁判所から相続人に対して、検認期日の通知を行うため、被相続人の出生から死亡までの戸籍謄本（全部事項証明書）が必要となる。後述のとおり、相続預貯金の払戻しの際には、被相続人の出生から死亡までの戸籍謄本（全部事項証明書）は必要にはならないが、検認手続をするために、これら書類が必要になる。したがって、相続人が、出生から死亡までの戸籍謄本（全部事項証明書）を取得しないで済むには、検認手続が不要な公正証書遺言しかないということになる。

　検認の申立てをしてから、通常は1か月から1か月半程度で検認期日が指定され、検認期日後、直ちに検認済証明書を取得することができる。

　　（ウ）　被相続人の戸籍謄本（全部事項証明書）

　被相続人の戸籍謄本（全部事項証明書）により、被相続人が死亡していることを確認する。被相続人の死亡により、遺言は効力を発生することになるため、被相続人が死亡していることを確認することが必要になる。

　遺言がない場合の相続預貯金の払戻しの場合、被相続人の出生から死亡までの戸籍謄本（全部事項証明書）が必要であったが、遺言がある場合には、被相続人の戸籍謄本の提出だけで足りると考えられる。

　これは、遺言がない場合には、相続預貯金の払戻しに当たり、法定相続人と法定相続分の確認が必要であったのに対し、遺言がある場合には、遺言に預貯金を相続すると記載された者に払戻しをすれば足り、法定相続人や法定相続分の確認は不要と考えられるためである。

　　（エ）　預貯金を相続する相続人の印鑑登録証明書

　相続人の本人確認及び相続人本人が相続預貯金を取得する意思があることを確認するため、印鑑登録証明書の提出が必要になる。

（オ）　法務局における遺言書の保管等に関する法律

　上記では、遺言書に関し、①公正証書遺言の場合には、公正証書遺言の正本又は謄本、②自筆証書遺言の場合には、自筆証書遺言及び検認済証明書と述べたが、相続法の改正により、自筆証書遺言の場合、②以外の方法として、遺言書情報証明書の方法も可能となった。

　法務局における遺言書の保管等に関する法律により、自筆証書遺言の保管制度が設けられた（施行日は令和2年7月10日）。

　当該制度の下では、自筆証書遺言を法務局に保管申請することが可能となり、申請後は、法務局において自筆証書遺言が管理される（遺言保管4・6）。

　遺言者の死後、相続人や受遺者は、遺言書が保管されているかどうかを証明した書面（遺言者保管事実証明書）の交付請求や、遺言書の画像情報等を用いた証明書（遺言書情報証明書）の交付請求、遺言書原本の閲覧請求をすることが可能である（遺言保管6②・9・10）。

　相続預貯金の払戻請求においては、この遺言書情報証明書の交付を受け、金融機関に提出すべきものと考えられる。

　一方、従来自筆証書遺言において必要とされていた遺言の検認に関しては、保管制度を利用した場合、不要となる。

（2）　受遺者が行う相続預貯金の払戻し

　遺言があり、遺言において受遺者に対して預貯金を遺贈する旨記載があるケースにおいて、相続預貯金の払戻請求を行う場合、原則として受遺者のみで相続預貯金の払戻請求を行うことができず、相続人全員又は遺言執行者の協力が必要である。

　以下詳述する。

　ア　相続預貯金の払戻請求

　遺言において受遺者に対して預貯金を遺贈する旨記載がある場合、被相続人死亡時に、当該預貯金は受遺者に遺贈により権利移転する。

第1章　相続預貯金の法律知識　　75

　ただし、当該権利移転を債務者に対抗するためには、対抗要件を具備する必要があり、債権の移転については、遺贈義務者による債務者への通知又は債務者の承諾が必要である（最判昭49・4・26民集28・3・540）。ここで、遺贈義務者とは相続人全員又は遺言執行者である。

　したがって、受遺者が相続預貯金の払戻請求を行う場合、原則として当該受遺者のみで相続預貯金の払戻請求を行うことができず、相続人全員又は遺言執行者の協力が必要である。

　　イ　相続法改正

　上述のとおり、受益相続人に関しては、受益相続人が遺言の内容を明らかにして債務者に通知をすれば、共同相続人の全員が債務者に通知をしたものとみなす旨の規定が設けられたが（改正民899の2②）、受遺者に関しては同様の規定はないため、相続法改正後も従前と取扱いは変わらない。

　　ウ　払戻請求をする場合の必要書類

　遺言があり、遺言において受遺者に対して遺贈する旨記載があるケースにおいて、相続預貯金の払戻請求を行う場合の必要書類は、以下のとおりである。

①　遺言書

②　（公正証書遺言以外の遺言の場合）検認済証明書

③　被相続人の戸籍謄本（全部事項証明書）

④　受遺者の印鑑登録証明書

⑤　相続人全員又は遺言執行者による譲渡通知書

　（3）　遺言執行者が行う払戻請求

　遺言執行者が遺言内容に沿って相続預貯金の払戻請求を行う場合があり得る。

　この場合、遺言執行者は相続預貯金の払戻請求を行うことができる。以下詳述する。

ア　遺言執行者の権限

従前、遺言執行者に預貯金の払戻権限があるか否かに関しては、預貯金債権が分割債権と解されていたこともあり、見解が分かれていた。

裁判例においても、遺言執行者の払戻しを認めるものもある一方（東京地判平14・2・22家月55・7・80、東京地判平24・1・25判時2147・66）、これを否定したものも存在していた（東京高判平15・4・23金法1681・35）。

しかしながら、実務上は、金融機関も遺言執行者からの払戻しを認める例が多く、遺言執行者が相続預貯金の払戻請求を行うことは可能である。

イ　相続法改正

相続法改正により、遺言執行者の預貯金の払戻し等に関する権限が明確化された。

すなわち、遺言執行者は、預貯金債権について、払戻請求又は解約の申入れをすることができることが明文化された（改正民1014③本文）。

なお、解約の申入れができるのは、預貯金債権の全部を特定の相続人に承継させる旨の遺言である場合に限られる（改正民1014③ただし書）。

また、被相続人が遺言で別段の意思表示をした場合には、その意思に従う（改正民1014④）。

したがって、相続法改正後は、法律上明確に、遺言執行者による相続預貯金の払戻請求が認められることになった。

ウ　払戻請求をする場合の必要書類

遺言執行者が遺言内容に沿って相続預貯金の払戻請求を行うケースにおいて、必要書類は以下のとおりである。

①　遺言書

②　（公正証書遺言以外の遺言の場合）検認済証明書

③　被相続人の戸籍謄本（全部事項証明書）

④　遺言執行者の印鑑登録証明書

第1章　相続預貯金の法律知識　　77

(4)　遺言で指定された受益相続人や受遺者が既に死亡している場
　　合

遺言で相続預貯金を相続させるとされた受益相続人や受遺者が、相続開始時には既に死亡している場合があり得る。

このような場合、遺言の当該条項が無効になる可能性がある。

以下詳述する。

　ア　受遺者

遺言者が死亡する前に受遺者が死亡した場合、遺贈は効力を生じない（民994①）。なお、遺言者と受遺者が同時に死亡した場合にも同様に、遺贈は効力を生じない。

したがって、この場合、対象となっている預貯金は、遺言において別の定めがない限り、法定相続人に法定相続分で承継されることになる。

　イ　受益相続人

遺言者が死亡する前に受益相続人が死亡した場合については、民法上の明文の規定はない。

しかしながら、最高裁平成23年2月22日判決（民集65・2・699）は、「「相続させる」旨の遺言は、当該遺言により遺産を相続させるものとされた推定相続人が遺言者の死亡以前に死亡した場合には、「相続させる」旨の遺言に係る条項と遺言書の他の記載との関係、遺言書作成当時の事情及び遺言者の置かれていた状況などから、遺言者が、〔略〕当該推定相続人の代襲者その他の者に遺産を相続させる旨の意思を有していたとみるべき特段の事情のない限り、その効力を生ずることはない」と述べている。

したがって、特段の事情がない限り、受益相続人が遺言者の死亡以前に死亡した場合、当該相続させる旨の条項は効力を生じない。

それゆえ、このような場合、対象となっている預貯金は、遺言にお

いて別の定めがない限り、法定相続人に法定相続分で承継されること
になる。

　ウ　補充遺言

　上記のような事態を避けるために、遺言の作成に当たっては、受益
相続人や受遺者が遺言者の死亡以前に死亡した場合には、他の相続人
や受遺者に相続させるないし遺贈する旨の条項を入れておくことがし
ばしば行われている。

　例えば「妻が遺言者より先に死亡したときは、妻に相続させる財産
は全て長男○○に相続させる。」といった条項である。

　このような条項を入れておけば、受益相続人や受遺者が遺言者の死
亡以前に死亡した場合でも、補充遺言が有効になり、遺言者の意思を
実現することが可能になる。

　エ　払戻請求

　遺言で相続預貯金を相続させるとされた受益相続人や受遺者が、相
続開始時には既に死亡している場合、補充遺言がないと、遺言の当該
条項が無効になる可能性がある。

　このようなケースでは、預貯金債権は遺言者の法定相続人に法定相
続分で承継されることになるので、法定相続人の合意の下、預貯金の
払戻請求を行う必要がある。

　一方、補充遺言があるケースでは、補充遺言で指定された相続人や
受遺者が当該預貯金を取得することになるので、当該相続人や受遺者
が払戻請求をすることができる。

(5)　遺言と異なる遺産分割協議書を提出する場合

　遺言があっても、相続人間において遺言内容とは異なる分割方法を
希望し、遺産分割協議書が作成されることがある。

　このような場合、遺産分割協議書に基づいて払戻しをすることが可
能である。ただし、遺言執行者がいる場合には、遺言執行者の同意を

第1章　相続預貯金の法律知識　　79

取得する必要があるため、注意が必要である。

以下詳述する。

　ア　遺言と異なる遺産分割協議

　遺言と異なる遺産分割協議も有効と考えられている。この場合、遺産分割協議であるため、相続人全員による必要がある。

　その理由としては、通常遺言は相続人間の紛争を避けるために作成されるものであるから、相続人全員が遺言と異なった遺産分割協議を行えるのであれば、遺言者の意思に反するとはいえないこと、遺言によって一度は遺産の帰属が決まるものの、相続人間で行う遺産分割協議は遺産の贈与や交換と考えることができること、などが挙げられている。

　この場合、相続人全員による遺産分割協議書等の必要書類を提出して、相続人は預貯金の払戻請求をすることが可能である。

　イ　遺言執行者がいる場合

　遺言執行者がいる場合には、遺言者は遺言執行者に遺産分割の実行を委ねたものと考えられ、民法1013条により、相続人は相続財産の処分その他遺言の執行を妨げるべき行為をすることができないため、相続人間で遺言と異なる遺産分割協議を行っても、当該遺産分割協議は無効となる（東京地判平13・6・28判タ1086・279）。

　したがって、遺言執行者がいる遺言において、遺言と異なる遺産分割協議を行うには、遺言執行者の同意を得る必要があると考えられる。

　この場合、相続人全員による遺産分割協議書等の他、遺言執行者の同意書を添付して、預貯金の払戻請求を行うことになる。

　ただし、遺言執行者の同意がない遺産分割協議について、遺言による取得後の事後的変動の合意をしたものと理解する見解もあり（東京地判平13・6・28判タ1086・279）、そのような見解を前提とすれば、遺言執行者の同意書を添付せずとも、預貯金の払戻請求ができるということ

になる。

　ウ　遺産分割を禁止する内容の遺言がある場合

　遺言において、遺産分割を禁止する旨が定められていることがある。民法908条は、相続開始の時から5年を超えない期間を定めて、遺産の分割を禁止することができる旨定めており、遺産分割を禁止する内容の遺言も有効である。

　遺言においてこのような定めがある場合、遺産分割協議をすることができないことから、遺言とは異なる遺産分割協議も無効となる。

　したがって、遺産分割を禁止する内容の遺言の場合、遺言と異なる遺産分割協議を行うことはできず、遺産分割協議に基づいて預貯金の払戻請求をすることもできない。

(6)　遺言に不備がある場合

　自筆証書遺言において、押印がない、日付の記載がないなどの不備がある場合、当該遺言に基づいて預貯金の払戻請求をすることができるか。

　以下詳述する。

　ア　自筆証書遺言の要件

　民法968条1項は、自筆証書遺言の要件として、①遺言者が全文、日付及び氏名を自書すること、②押印すること、を求めている。

　したがって、押印がなかったり日付の記載がない場合には、上記の自筆証書遺言の要件を欠くものとして、当該遺言は無効となる。

　それゆえ、原則としては、法定相続人全員の同意に基づき、預貯金の払戻請求をすることになる。

　イ　死因贈与の可能性

　しかしながら、上記のような形式不備の遺言がある場合、遺言としては無効ではあっても、死因贈与が成立する可能性はあり得る。

　死因贈与は、贈与者と受贈者との間に合意がある場合に認められる

ため、遺言作成過程において、遺言者が受遺者と相談して遺言を作成したとか、作成した遺言内容を伝えて受遺者に遺言を預けていた、などといった事情がなかったか否かを確認する必要がある。

東京地裁昭和56年8月3日判決（家月35・4・104）も、病気入院中献身的に看護してくれた者に、自分の死後遺産の一部を贈与しようとして、「2人で半分ずつな」と記載した日付のない自筆証書遺言を作って渡したという事案において、死因贈与を認めている。

　ウ　死因贈与に基づき払戻請求をする場合

死因贈与に基づき金融機関に対して預貯金の払戻請求を行おうとする場合、通常はそのまま金融機関が払戻しに応じる可能性は低いものと思われる。

そこで、方法としては、①金融機関に対して、相続預貯金の払戻請求訴訟を提起する方法、②利害関係人である相続人全員を被告にして、相続預貯金が死因贈与により受贈者に帰属していることの確認請求訴訟を提起する方法、③家庭裁判所に死因贈与執行者の選任を申し立て、死因贈与執行者が金融機関に対して相続預貯金の払戻請求を行う方法が考えられる。

①の方法は金融機関は実質的な利害関係人とはいえず、また、預貯金が多くの金融機関にあると被告とする対象金融機関が多くなってしまうことなどから、②の方法による方が紛争の実態に合っているものと思われる。

②の方法により受贈者に預貯金債権が帰属していることの判決がなされた場合には、当該判決文を金融機関に提出すれば、払戻しに応じてくれる例が多い。

③形式不備の遺言を元に死因贈与執行者選任を家庭裁判所に申し立てた場合、当該選任が認められることは多いと思われる。そして、死因贈与執行者として、金融機関に対して相続預貯金の払戻請求をした

場合、金融機関がこれを認めることもある。ただし、死因贈与執行者として選任されることと、死因贈与が成立しているかは別問題であり、仮に金融機関が払戻請求を認めた場合にも、その後他の相続人等の利害関係者との間でトラブルが生じる可能性がある点は、注意が必要である。

(7) 遺言において預貯金の特定が不十分な場合

自筆証書遺言において、預貯金の特定が不十分な場合、受益相続人や受遺者は相続預貯金の払戻請求をすることができるか。

以下詳述する。

ア 預貯金の特定が不十分な場合

公正証書遺言の場合には、預貯金債権は、金融機関名や支店名によって特定されるのが通常であり、このような特定がなされていれば、受益相続人や受遺者も金融機関に対して相続預貯金の払戻請求をすることが可能である。

また、上記のように特定の金融機関名が記載されていなくても、「全ての財産を相続させる」といった内容の場合には、「全ての財産」に相続預貯金が含まれていることは明らかであるから、相続預貯金の払戻請求をすることが可能である。

一方、例えば、金融機関の名称を間違えて記載していることがある。また、単に「預金を相続させる」と記載されていた場合に、ゆうちょ銀行の「通常貯金」や証券会社の「預り金」が含まれるのか、また、「普通預金を相続させる」との記載の場合に、「定期預金」が含まれるのか、といった問題があり得る。

このような場合、受益相続人や受遺者が金融機関に対して相続預貯金の払戻請求をしても、預貯金の特定が不十分であるとして、払戻請求に応じてくれない場合がある。そこで、払戻請求を行うには、相続人全員により払戻請求を行う必要がある。

第 1 章　相続預貯金の法律知識　　83

　　イ　他相続人が協力してくれない場合

　上記のとおり、預貯金の特定が不十分な場合、相続人全員が協力し
てくれるのであれば、相続人全員により払戻請求を行うことは可能で
ある。

　しかしながら、他の一部の相続人が協力してくれない場合、上記の
ような方法をとることは難しい。

　そこで、①金融機関に対して、相続預貯金の払戻請求訴訟を提起す
るか、②利害関係人である相続人全員を被告にして、相続預貯金が遺
言により受益相続人又は受遺者に帰属していることの確認請求訴訟を
提起することが考えられる。

　①の方法は金融機関は実質的な利害関係人とはいえないことなどか
ら、②の方法による方が紛争の実態に合っているものと思われる。

　②の方法により受益相続人又は受遺者に預貯金債権が帰属している
ことの判決がなされた場合には、当該判決文を金融機関に提出すれば、
払戻しに応じてくれる例が多い。

第7　相続開始前の被相続人の預貯金の無断払戻し

1　問題の所在

　被相続人の死亡前に、相続人の一人が、被相続人名義の口座から預貯金を払い戻すことは、しばしばみられることである。例えば、高齢の親と同居して親の面倒を見ている子が、親名義の口座の通帳、印鑑、キャッシュカードを用いて預貯金を払い戻し、親の生活費や病院の治療費等に使うことは、ごく日常的に行われていることである。親が高齢になればなるほど本人の財産管理の能力は衰えていき、同居して日常生活の面倒を見てくれる子の一人にキャッシュカード等を預けて預貯金の払戻しを委ねるようになったり、また、親が介護施設に入居したり病院に入院したりするなどして、本人自ら銀行に赴いて預貯金を払い戻すことができなくなると、子の一人に預貯金の払戻しや諸々の支払を含めた財産管理を委ねざるを得ない状況が現出する。

　被相続人の明示の承諾の下で、相続人の一人が、被相続人名義の口座を管理し、必要に応じて必要な金額の預貯金を払い戻し、被相続人のための諸々の支払を行うことについては、何ら問題にはならない。問題となるのは、相続人の一人が、被相続人の承諾もなく口座を管理し、権限がないのにもかかわらず無断で預貯金を払い戻し、自己や第三者のために流用するなど、被相続人の意思に反して被相続人名義の預貯金を払い戻して使ってしまうことである。

　こうした相続人による被相続人名義の預貯金の無断払戻しや不正使用は、被相続人が死亡した後に露見し、その結果、遺産相続そのものとは別に相続人間で紛争が生じることが多い。中でも、被相続人の預貯金を払い戻した相続人が被相続人と同居して扶養し介護していたと

いうケースでは、他の相続人は被相続人と疎遠となっていて、被相続人の扶養や介護を全く担っていないことがあり、相続人間での確執や感情的な対立も背景に、紛争が激化することもある。

被相続人の預貯金を管理していた相続人が、預貯金の払戻権限や使途明細等についてきちんと記録を残していれば、感情的な対立はともかくとして、被相続人名義の預貯金の払戻しに関する争いは解決することもある。もっとも、実際に被相続人名義の預貯金の払戻しを行う相続人は被相続人と近しい関係にあるため、客観的な記録を残していないことが多く、また、被相続人の家計と自己の家計とを明確に区別せず混在させていることもしばしばあって、使途明細等についてきちんと説明することができずに、相続人間での被相続人名義の預貯金の払戻しを巡る争い、いわゆる使途不明金問題が法的手続に持ち込まれるケースも多い。

2 遺産分割調停における使途不明金問題の取扱い

(1) 相続人全員の同意がなければ遺産分割の対象とならないこと

遺産分割調停事件において、当事者から使途不明金の問題が持ち出されて、取引履歴の開示や金融機関への照会手続等を求めることがある。

相続開始前に被相続人に無断で払い戻された金員は、被相続人から払戻しをした相続人に対する請求権（損害賠償又は不当利得等）となるところ、当該請求権は可分債権であることから、相続開始と同時に各相続人が分割取得することになるため（不法行為に基づく損害賠償請求権が相続された事案に関して、最高裁昭和29年4月8日判決（民集8・4・819) は、「相続人数人ある場合において、その相続財産中に金銭その他の可分債権あるときは、その債権は法律上当然分割され各共同相続

人がその相続分に応じて権利を承継するものと解するを相当とする。」
と判示している。）、遺産分割の対象とはならない。

　もっとも、使途不明金について、相続人全員が遺産分割の対象とすることに合意すれば、遺産分割に含めて解決を図ることは可能であり（最判昭54・2・22裁判集民126・129ほか）、家裁実務においてもそのような取扱いは定着している。無断払戻しをした者が事実関係を認めて争わないような場合や使途不明金の額が比較的少ない場合には、合意することもあり得る。他方、相続人間で対立が激しい場合には、合意を得ることはまず不可能であるため、その場合には、遺産分割調停において使途不明金問題の解決を図ることはできず、使途不明金の返還を求める相続人は、別途訴訟を提起して訴訟での解決を求めざるを得ない。

　なお、平成28年最高裁大法廷決定は、共同相続された普通預金債権等は、相続開始と同時に当然に相続分に応じて分割されることはなく、遺産分割の対象となると判示したが、同決定は、預貯金債権が現に存在する場合に遺産分割の対象となることを判示したものであり、共同相続人の一人が相続開始前に被相続人に無断でその預貯金を払い戻した場合に発生する不当利得返還請求権や不法行為に基づく損害賠償請求権については、射程外であると解されている（齋藤毅「共同相続された普通預金債権、通常貯金債権及び定期貯金債権は遺産分割の対象となるか」法曹時報69巻10号308頁（2017））。また、今般の相続法改正の審議において、預貯金債権のみならず不法行為に基づく損害賠償請求権や不当利得返還請求権などを含めた可分債権全般を遺産分割の対象に含めるべきか否かが検討されたが、その存否及び金額が争われることが類型的に多いと考えられるものまで遺産分割の対象に含めると遺産分割事件の処理が複雑となり長期化を招くおそれが多いとして、見送られた。

　(2)　使途不明金が特別受益となる場合
　使途不明金について、遺産分割手続の中で、被相続人から相続人の

第1章　相続預貯金の法律知識　　87

一人に対して生計の資本の贈与があったとして、特別受益に該当するとの主張がなされることがある。

　例えば、親の通帳・カードを預かって管理していた子が、あるとき親から、住宅購入資金の援助として500万円を贈与する、預けている通帳・カードを用いて銀行で500万円を払い戻しそのまま受け取ってよいと言われて、実際に子が500万円を払い戻して払戻金を受け取ったというようなケースである。被相続人の生前に払い戻された預貯金が被相続人から相続人の一人に贈与されたことについて当該相続人が争わなければ、贈与された財産をみなし遺産に含めて（持戻計算をして）、現に残っている遺産を分割すれば足りるので、遺産分割調停において解決を図ることは可能である。

　もっとも、当該相続人が贈与の事実を否認した場合、例えば、払戻金は被相続人本人に交付して、被相続人本人が自分の生活費として費消したと主張した場合や、払戻金は一時保管しただけで、その後全て被相続人のために使ったと主張した場合には、別途訴訟での解決を求めざるを得ない。

3　訴訟における使途不明金の請求と請求原因

　使途不明金の請求における請求原因として考えられる法律構成としては、不法行為、不当利得、委任又は準委任を根拠とする受取物引渡義務が考えられる。

　(1)　不法行為（民法709条）

　不法行為に基づく損害賠償請求権の要件事実は、①原告の権利又は法律上保護される利益の侵害、②被告の加害行為及びこれについての故意又は過失、③損害の発生及びその金額、④②と③との相当因果関係の存在、である。

①及び③の要件事実から、被相続人の預貯金が存在したこと及びそれが引き出されたこと、②及び④の要件事実から、被相続人名義の預貯金を引き出したのが被告であること及び被相続人の預貯金の侵害について被告に故意又は過失があることについて、原告側において主張立証する必要がある。なお、何をもって損害と捉えるかについては、後述する。

被告に払戻権限があるという事実（例えば、被相続人から個々の払戻しを依頼されたことや、包括的に管理を依頼されたことなど）が請求原因事実か抗弁かについては、確立された判例解釈は見当たらない。

請求原因事実か抗弁かによって、払戻権限の存否が真偽不明になった場合の結論が変わってくるが、実際の裁判においては、払戻権限の存在又は不存在が認定できることがほとんどであり、払戻権限の存否が真偽不明となる事態はそれほど多くはないとされている。

(2) 不当利得（民法703条）

不当利得返還請求権の要件事実は、①請求者が損失を被ったこと、②被請求者に利得があること、③①と②との因果関係、④被請求者の利得に法律上の原因がないこと、である。

①の要件事実から被相続人が損失を被ったこと（＝預貯金債権が消滅したこと）、②の要件事実から被告が払戻金を取得したこと、④の要件事実から被告に預貯金の払戻権限が存在しないことについて、原告側が主張立証する必要がある。何をもって被相続人の損失又は被告の利得と捉えるかについては、後述する。

なお、不当利得に関しては、給付利得、侵害利得等の類型に応じて独自の要件及び効果があるとする類型論が唱えられており（加藤雅信『財産法の体系と不当利得法の構造』（有斐閣、1986）、四宮和夫『事務管理・不当利得・不法行為　上巻』（青林書院新社、1981）53頁など）、法律上の原因の不

存在の要件事実の位置付けについて異論もみられるが、判例実務はそのような類型論は採用せず、不当利得の返還を請求する者において法律上の原因の不存在を主張立証すべきであると解しており（最判昭59・12・21裁判集民143・503）、法律上の原因の不存在も請求原因であると解されている。

（3）　委任又は準委任を根拠とする受取物引渡義務（民646）

　被相続人と相続人の一人との間で、明示的に被相続人の預貯金の管理に関する委任契約が締結されたり、明示的な委任契約の存在が認められないとしても、黙示的な委任契約の存在が認定されることがある。

　また、被相続人に意思能力が認められない状態で被相続人の預貯金の管理を開始し、被相続人の医療費や生活費などを支出することがあり得るが、この場合には事務管理（民697）に該当することがあり、事務管理に該当すれば委任契約の規定が準用されることになる（民701）。

　委任契約の存在が認められる場合（準用される場合も含む。）、受任者・管理者たる相続人は、受取物の引渡義務があるので（民646）、委任契約に基づいて受け取った金銭・預貯金から委任事務に伴う支出（費用を含む。）を控除した残金について、委任者（＝被相続人）の他の相続人に対して引き渡さなければならない。また、受任者・管理者には報告義務があるので（民645）、管理していた被相続人の預貯金の取引明細を明らかにする義務を負うことになる。

　受任者・管理者が、被相続人の預貯金からの払戻額全額について、被相続人のために支出したことを証明できる場合には、使途不明金が存しないことになるので、何ら問題は生じないが、その証明ができない場合、原告側としては、払戻額と支払使途の明確な支出額との差額について、受取物の引渡義務の履行を求めることになる。

4 被相続人の損害ないし損失

使途不明金の問題について、何をもって被相続人の損害ないし損失と捉えるかについては、議論が存する。

(1) 不法行為における「損害」

不法行為における損害については、預貯金債権の消滅を損害と捉えて、被告の引き出しにより被相続人の預貯金債権が消滅した時点で損害の発生を肯定する見解と、預貯金債権の消滅だけではなく、払戻金の着服、私的流用、被相続人の意思に反する使途への使用などにより被相続人の財産状態に実質的に不利益が生じたことが損害発生とみる見解がある。

伝統的な学説によると、正当な受領権限を有しない者が債務者から弁済を受け、これによって債権が消滅した場合、その債権の消滅自体により債権者に損害が発生し、不法行為が成立するとされている（我妻栄『民法講義Ⅳ・新訂債権総論』（岩波書店、1975）77頁、加藤一郎編『注釈民法(19)』（有斐閣、1965）80頁など）。かかる立場からすると、預貯金債権の消滅をもって損害と捉えることに理があると思われる。

他方、払戻金が正当な使途に使用されるなどして被相続人の財産状態に実質的不利益が生じていない場合にまで、預貯金債権の消滅という形式的な理由により損害の発生を肯定するのは、素朴な法感情に反するものと考えられる。

例えば、払戻金がその直後に被相続人名義の他の預貯金口座に預け入れられている場合（いわゆる預け替えの場合）、預貯金債権の消滅をもって損害と捉える見解によると、引出行為の時点で損害が生じていることになるが、預け替えの事実があれば、損害が発生したとは考えないのが通常である。すなわち、提訴時には預け替えの事実が判明していなかったため、払戻金全額が損害であるとして賠償請求していた

第1章　相続預貯金の法律知識　　91

ところ、訴訟の途中で預け替えの事実が判明したという場合、当該預け替え部分の請求は取り下げられるのが通常である。

　預貯金債権の消滅をもって損害と捉える見解であっても、払戻金の使途が何であるか、特に、それが被相続人のために用いられたことが認められるか否かという問題は、被告の引出権限の有無を検討する上で重要な事情となることも多いため、払戻金の使途を全く問題にしないというわけではない。理論的な点はともかく、実務的には、払戻金の着服、私的流用、被相続人の意思に反する使途への使用などにより被相続人の財産状態に実質的に不利益が生じたか否かを考慮した上で、損害発生を認定するのが妥当であるとされている。

（2）　不当利得における「損失」

　不当利得における損失については、不法行為における損害についての見解の対立と同様、預貯金債権の消滅が被相続人の損失であり、預貯金の払戻金を受領したことが被告の利得と捉える見解と、払戻金の受領のみならず、その着服や私的流用など、被相続人の財産状態に実質的不利益が発生したことにより被相続人の損失及び被告の利得が成立するとみる見解がある。

　この点についても、伝統的学説によると、金銭交付による不当利得の事例では、金銭（払戻金）の受領自体が利得と捉えられており、判例においても同様の理解に立つと解されるものがある（最判平3・11・19民集45・8・1209）。払戻金の受領自体を利得と捉えるのであれば、それと対比される被相続人の損失というのは、預貯金債権の消滅それ自体と捉えることとなろう。

　他方、預貯金債権の消滅をもって損失とみることの不都合性は不法行為における損害についての問題意識と同様であるとの立場からの見解は、払戻金の受領のみならず、その着服や私的流用など、被相続人

の実質的不利益の発生を考慮して損失ないし利得の発生を判断することになる。なお、不当利得の場合、不法行為の場合と比較して、①反対債権による相殺が禁止されない、②払戻金受領の時点から当然に遅延損害金を負担することにはならない、③善意の受益者については、利益の消滅を証明して返還義務の範囲を縮減させることができるといった相違点があるため、預貯金債権の消滅及び払戻金の受領により直ちに不当利得の成立を肯定することの不都合性は、預貯金債権の消滅＝損害と捉える見解よりは小さいという考え方もある。

5　預貯金の引出行為

　被相続人の預貯金口座の入出金の明細については、通帳や取引明細によって明らかになるが、実際に誰が引出行為をしたのかについては、争いが生ずることがある。

　被告が引出行為を争う場合の類型はいくつかあるが、以下類型ごとに、事実認定上どのような問題点があるかについて述べる。なお、以下の類型ごとの整理は、名古屋地方裁判所民事プラクティス検討委員会「被相続人の生前に引き出された預貯金等をめぐる訴訟について」（判例タイムズ1414号74頁（2015））を参考にしている。

　(1)　被告において引出行為に全く関与していないと主張する、あるいは、引出行為が長期間・多数回にわたるときにその一部を否認する場合（関与否認型）

　このケースの場合、直接証拠による立証は難しく、間接事実による立証を要することが多い。被告が関与したことが推認される間接事実としては、次のような事実がある。

　窓口での払戻しがなされた場合、金融機関の払戻請求書の筆跡が被告の筆跡と類似していれば、引出行為者を被告と認定する有力な事情

となり得る。

　また、問題となる出金と同日あるいは近接する日に、被告名義の預貯金口座に出金額と同額あるいは近似する金額が入金されていれば、被告による引出がなされたと認定される有力な事情となり得る。

　ATMが利用された場合、ATM内蔵のカメラ画像やATMコーナーを撮影する監視カメラ画像が証拠として提出されれば一目瞭然であるが、民事事件において金融機関が映像提供に協力することは考えにくく、また、映像の保存期間も数か月程度と短いことも多いので、現実的にはATM画像をもって引出行為者を特定することは困難である。もっとも、引出が行われたATMの場所が、被相続人の居住地や日常の生活範囲から離れている一方で、被告の居住地や職場に近いところであった場合には、被告が引き出したことが推認される有力な事情になり得る。

　他方、問題となる金融機関以外の払戻手続を被相続人本人が行っていたこと、問題となる払戻しがなされた当時、被相続人は第三者の介助なしで生活していたこと、被告が被相続人名義の口座通帳及びカードを管理したことはなかったこと等は、被告が引出行為に関与していないことを推認させる事情となり得る。

(2)　引出行為に関与したことは認めつつ、被相続人が引き出すのを手伝った（金融機関まで付き添った）だけであるから、引出行為はあくまでも被相続人によるものであると主張する場合（補助主張型）

　被告が被相続人に付き添って金融機関の窓口に行き、被相続人の依頼や指示又は同意の下で払戻請求書を作成し、払戻金を受領したという場合や、被相続人に付き添ってATMに行ったものの、高齢で機械の操作に疎い被相続人に代わってATMを操作して引き出しをしたと

いう場合、被相続人の意思能力に問題がない限り、引出行為をしたのは被相続人と評価すべきであるから、不法行為も不当利得も成立しないことになると考えられる。

もっとも、このようなケースであっても、当該引出行為がなされた経緯、被告が同行することになった理由、引き出した金銭の行方・使途等によっては、引出行為をしたのは被相続人と評価されずに、被告が引出行為をしたと認定されることがあり得る。

(3)　被告が自ら引き出したことを認めつつ、引き出した金銭を被相続人に交付したと主張する場合（本人交付型）

被相続人への金銭交付という事実は、通常原告のあずかり知らない事情であることから、実際の審理においては、客観的主張立証責任の所在にかかわらず、被告側においてその事実を主張立証すべきとされることが多い。そのため、被告としては、被相続人に払戻しを依頼された経緯、払戻金の使途等の事実関係を明らかにし、これらを裏付ける証拠の提出に務めるべきである。

被相続人に交付したことを直接裏付ける証拠がなくても、間接事実から交付したことが矛盾なく推認されるのであれば、不法行為も不当利得も成立しないことになると考えられる。

他方、交付したとされる額が被相続人の資金需要からして不相当なほど高額であったり、払戻額が相当高額であるにもかかわらず被告がその使途を全く聞いていないという事実は、被相続人に交付したことの推認を妨げる事情となり得る。

6　預貯金の引出権限の存否

被相続人の預貯金口座の引き出しについて、被相続人の有効な承諾、同意、委託等の授権行為があれば、引出行為者がその範囲内で被相続

第1章　相続預貯金の法律知識　　95

人の預貯金を引き出したとしても、不法行為も不当利得も成立しない。

　被告から、被相続人から包括的に財産管理を委ねられていたとか、当該引き出しについて個別的に委託されていたという主張がなされることがあるが、訴訟で争われるケースのほとんどは、口頭による授権があったと主張される。こうした場合に、事実認定上どのような問題点があるかについて述べる。

　(1)　前　提

　引出権限の存在の前提として、被相続人の意思能力が存在することが必要であり、承諾行為があったとされる時点において被相続人に意思能力が無かった場合、その承諾は無効であり、他に正当事由（事務管理等）がない限り、不法行為又は不当利得が成立する。

　(2)　包括的な授権ないし承諾

　通帳やカードの管理状況について、被告が通帳等を保持しており、ある程度その状態が継続しているという事実は、一定の範囲での授権を推認させる事実といえる場合もあると考えられる。他方、そのような管理状況が継続していたとしても、直ちに預貯金の引き出しについて包括的な授権ないし承諾があったとまで認められるわけではなく、預貯金を引き出した目的や必要性、被相続人が当該引出行為を認識し、容認していたかといった事情も考慮する必要がある。

　引出行為当時の被相続人の心身の状態等について、被相続人が高齢で心身に故障があり、自ら金融機関に出向くことが難しい場合、平素身の回りの世話をする近親者に財産の管理も併せて委ねることがあり得る。こうした状態下においては包括的委任があったとしても不自然ではないとされるが、そうした場合であっても、授権の範囲は従前の生活費や被相続人の医療費や介護費、公租公課等の費用に限られるものと考えられる。それゆえ、通常の生活費等として相当な範囲を超え

る引き出しについては、包括的委任があったとは認められないことがある。

　預貯金の引出額や払戻金の流れも授権の有無の判断要素となり得るが、比較的少額の引き出しが継続しており、日常の生活費や医療費等に充てるための払戻しとして特に不自然でないようなケースではその範囲で授権があったと認められやすいが、一回の引出額が高額であったり、一回の引出額は少額であっても引き出しの回数が不自然に多いようなケースでは、包括的委任があったとは認められないこともある。

　(3)　個別的な授権ないし承諾

　個別的な授権ないし承諾が問題となるケースは、個々具体的な使途と関連することがほとんどである。以下、主だった使途に関して述べる。

　　ア　被相続人の葬儀費用

　被告が、引き出した金銭は被相続人の葬儀費用に使ったから、不法行為又は不当利得に当たらないと主張するケースは多い。これに対し、原告側は、葬儀費用は喪主（被告）が負担すべきものであり、被相続人の預貯金から支払うべきものではないと主張することがある。

　葬儀費用について誰がどのように負担するかについては諸説あり、①共同相続人全員の負担となるとする説（福岡高決昭40・5・6家月17・10・109、大阪高決昭49・9・17家月27・8・65など）、②実質的喪主が負担するという説（喪主負担説）（東京地判昭61・1・28家月39・8・48、名古屋高判平24・3・29（平23（ネ）968）裁判所ウェブサイトなど）、③相続財産が負担するという説（大阪家堺支審昭35・8・31家月14・12・128、東京家審昭33・7・4家月10・8・36、盛岡家審昭42・4・12家月19・11・101、東京地判昭59・7・12判時1150・205など）、④慣習・条理により決まるという説（東京地判昭61・1・28家月39・8・48、東京地判平6・1・17判タ870・248）などがあり、いずれとも決まって

第1章　相続預貯金の法律知識　　97

いない。もっとも、実務においては、相続財産負担か喪主負担とすることが多く、相続財産負担の立場によれば、不法行為又は不当利得に当たらないこととなる。

　イ　相続人又はその妻や子への贈与資金

　被相続人の指示又は承諾の下、相続人の一部（被告）又はその子への贈与資金として預貯金を引き出し、贈与を実行したと主張されるケースがある。

　贈与額が数百万円にも及ぶ場合もあれば、入学祝いや就職祝い、誕生祝いやお年玉など少額の場合もある。被相続人の意思がそのように認定できる場合は問題がないが、各種お祝いで比較的少額の場合であっても、被告が通帳等を任されていることをいいことに被相続人が認識・容認していないにもかかわらず「被相続人が子や孫にこのくらいのお祝いを出すのは当然だから」などとして支出したと説明するような場合、被告又はその家族だけに贈与がなされているのか、原告又はその家族にも贈与がなされているかといった事情も考慮して判断される。

　ウ　被相続人の元同居家族等の生活費（施設入居等の場合）

　被相続人が長期間入院し、又は施設に入居している場合、それまで同居していた家族（被告）のために一定額を生活費として支払ったと主張されるケースがある。

　これについては、従前の生活費負担の経緯、被告と被相続人との関係、被告の家計が被相続人の援助を要する状況にあったか等を総合的に考慮し、生活費やその援助として一定額を負担することが被相続人の意思に合致するかを判断することとなる。

　エ　医師への謝礼

　被相続人の指示により、医師や看護師、介護施設職員への謝礼、医

療機関や介護施設への差入れとしてまとまった金品を交付したと主張されるケースがある。

こうした謝礼等をする慣習が一部にあることは否定できず、実際に被相続人が指示したケースもあるようだが、近時は謝礼の金品を受けない医療機関もあり（国公立の場合にはそもそも違法である。）、被相続人の意思が明示的に認められる場合であって、かつ、社会通念上常識的な範囲に限られる。

(4) 意思表示を介さない引出権限（夫婦の婚姻費用等）

被相続人の預貯金の引出行為について、承諾の意思表示がある場合に限られず、被告が被相続人の配偶者であった場合、事案の具体的なケースによっては、婚姻費用負担義務（民760）等により引出権限が認められることがあり得る。

専業主婦の妻が夫名義の預貯金を管理し、日々の生活費等の支払のために夫の預貯金から引き出すことはごく一般的にみられることであり、こうした場合の夫名義の預貯金は、実質的には夫婦共有財産ともいえる。妻が夫の負担すべき婚姻費用として相当な範囲の支出をその共有財産である夫名義の預貯金から行うことは夫の同意がなくてもその権利を侵害するものとはいえず、不法行為又は不当利得の成立が否定されることがある。

7 払戻金の使途

使途不明金の問題では、その払戻金が何にいくら使われたかということが問題となる。もっとも、使途についての要件事実上の位置付けは必ずしも明確になっていない。

被告が預貯金を引き出したという場合、その使途を最もよく知るのは被告自身のはずであるから、訴訟物の構成や主張立証責任の所在に

第1章　相続預貯金の法律知識　　99

かかわらず、被告において使途を可能な限り明らかにすべきとされている。

　使途の主張立証について問題が生ずるケースごとに、以下述べる。

（1）　被告が使途につき何ら説明しない場合

　裁判所の釈明にもかかわらず、被告が使途につき何らの説明もしないということは、そのこと自体が弁論の全趣旨として被告に不利益に考慮され得る。

　もっとも、原告が請求原因として取り上げる引出行為の一部（古い部分）についてのみ、あまりにも古いことで覚えていないといった主張がなされた場合、他の部分に関する説明や立証の状況に照らして、覚えていないこと自体が必ずしも不合理でない場合には、必ずしも被告に不利益には考慮されないこともあり得る。

（2）　被告が一定の説明をするが、裏付ける証拠がない場合（あるいは証拠が不十分の場合）

　引出金の使途について一定の説明はあるものの、証拠としては被告本人の供述のみで、その全部又は一部を裏付けるべき客観的な証拠がないというケースである。

　日常的な食料品や衣料品についての支出、寺院に対する一般的なお布施などは客観的な証拠が残りにくいが、それ自体さほど高額に及ぶものではないこと、従前の生活状況から一定の範囲での支出は当然に認められることから、被告側からその事情についてある程度説明がなされれば、一定の範囲内では、客観的な証拠がなくても認められることが多いといえる。

　他方、不動産の購入費用など、一生に一度あるかないかといった支出の場合、契約書や領収書等の客観的な資料が残っているのが通常であるから、裏付け資料の不存在を被告が合理的に説明できなければ、

被告の主張は認められないことが多いといえる。また、振込で決済されるのが通常の取引類型であるにもかかわらず、金融機関の取引記録に表れていないという場合、取引記録に表れていないことについて被告が合理的に説明できなければ、被告の主張は認められないこととなる。

(3) 払戻金は被相続人へ交付したと主張し、その使途は不明であるとする場合

被告にとっては、被相続人への交付そのものが払戻金の使途であって、被相続人が払戻金を何に使ったかは本来あずかり知らないことである。

もっとも、交付したとされる額が被相続人の資金需要からみて不相当なほどに高額であったり、払戻額が相当高額であるにもかかわらず被告がその使途を全く聞いていないと説明したりすることは、不自然・不合理な説明であると判断されることがある。

なお、このケースにおいて、払戻金は原告（又はその親族）に贈与されたと聞いていると被告が主張し、これに対し原告が否定する場合がある。例えば、引出日頃に原告が自宅を購入し、その購入資金の一部として充てられたという場合である。こうした場合、原告としては購入資金の調達方法について具体的に説明する必要があるといえる。

8 賠償請求又は返還請求し得る範囲

不法行為に基づく損害賠償請求又は不当利得返還請求のいずれであっても、被相続人の預貯金を払い戻した相続人に対して請求し得る範囲は、原告である相続人の法定相続分に相当する額となる。例えば、被相続人が父Ａ、相続人が子Ｂと子Ｃの2人で、子Ｂが父Ａの生前にその預貯金から無断で500万円を払い戻して領得していたという場合、

第1章　相続預貯金の法律知識　　101

子Cが子Bに対して賠償請求又は返還請求し得る範囲は、法定相続分
（2分の1）である250万円となる。

　子Cの立場からすると、子Bが無断で500万円を払い戻して領得し
たのであるから、500万円全額について賠償請求又は返還請求したい
と考えることがあり得る。しかしながら、払戻しを行った相続人に対
する賠償請求又は返還請求は、あくまでも被相続人から無断払戻しを
した相続人に対する請求権を基礎とし、当該請求権を相続により分割
取得したことに基づくものであることから、自己の法定相続分に相当
する額を超えて請求することはできない。

　自己の法定相続分に相当する額を超えて請求できないことにより、
払戻しをした相続人に特別受益があった場合、相続人間で不公平が生
じることがある。上の例で、子Bは父Aから500万円の生前贈与を受
けていて、なおかつ父Aの亡くなる直前に父Aの預貯金残高全額500
万円を払い戻して領得したという場合、もし子Bの払戻しがなければ、
遺産分割において、相続開始時の財産は預貯金500万円、特別受益は
500万円、みなし遺産は1,000万円となり、子B及びCの法定相続分は
各500万円になるところ、子Bは特別受益500万円があるので具体的相
続分はゼロとなり、子Cは預貯金残高全額500万円を単独で取得する
ということになる。ところが、子Bにより預貯金残高全額500万円の
払戻しがなされていると、遺産分割の対象となるべき財産が存しない
ことになるので、子Bの特別受益を考慮することができなくなる。そ
の結果、子Cは子Bに対し、子Bが払い戻した預貯金残高全額500万円
の法定相続分に相当する250万円の賠償請求又は返還請求することが
できるにとどまり、結果的に子Bは750万円を取得することとなり、不
当な払戻しをした子Bが得をする結果となる。不合理な結論ではある
が、相続人全員が使途不明金を遺産分割の対象とすることに合意しな

い限り遺産分割事件において解決を図ることができない以上、やむを得ないことである。

9　使途不明金問題の訴訟

　使途不明金問題をめぐる訴訟は、遺産分割事件と関連して比較的多くみられるものである。

　もっとも、最終的な結論は基本的に個々の事案ごとの事実認定に帰着するためか、この種の訴訟における統一的な判断基準や考え方を示した裁判例は特にないようである。結局のところ、個々の事案に即した具体的な主張立証を行っていくことが肝要である。

第1章　相続預貯金の法律知識　　103

第8　相続開始後の遺産預貯金の無断払戻し

1　問題の所在

　相続開始後（被相続人の死亡後）に、相続人の一人が、遺産分割前に遺産である預貯金を払い戻した場合、どのような問題が生ずるか。

2　最高裁大法廷平成28年12月19日決定以前の考え方

　平成28年最高裁大法廷決定以前は、被相続人名義の預貯金は相続開始により法定相続分により当然に分割されると解されていた。そのため、共同相続人の一人が自己の法定相続分に応じた預貯金の払戻しを行うことは可能とされていた。もっとも、相続人全員が預貯金を遺産分割の対象財産に含めることに合意すれば、遺産分割の対象とすることも可能と解されており（最判昭54・2・22裁判集民126・129ほか）、家裁実務上は、そうした取扱いが定着していた。

　被相続人が死亡したとしても、その旨を被相続人名義の口座のある金融機関に届け出なければ、キャッシュカード等を用いて、預貯金の払戻しを行うことは、事実上可能である。そのため、共同相続人の一人が、他の相続人に無断で預貯金全額の払戻しを受けることも可能である。

　被相続人名義の預貯金から払い戻された金員は、遺産分割時には現存しない以上、遺産分割の対象に含めることはできないというのが原則的な考え方である。もっとも、預貯金全額の払戻しを受けた相続人が払戻しを受けた事実を認め、現存する遺産に含めて分割することに合意すれば、遺産分割の対象とすることは可能とされていた。他方、当該相続人が払戻金を遺産分割の対象とすることに合意しなかった場合には、他の相続人は、相続開始により生じた法定相続分に応じた割

合による持分の侵害があったとして、預貯金全額の払戻しを受けた相続人に対し、不法行為に基づく損害賠償請求権又は不当利得に基づく返還請求権を行使せざるを得なかった。

3　最高裁大法廷平成28年12月19日決定以後の考え方

(1)　払戻金を遺産分割の対象とする合意がある場合

平成28年最高裁大法廷決定は、共同相続された預貯金について、相続開始と同時に当然に相続分に応じて分割されることはないとし、預貯金が遺産分割の対象となると判断した。そのため、相続人間の遺産分割協議又は家庭裁判所での遺産分割調停ないし審判によって遺産共有状態が解消されない限り、各共同相続人が個別に預貯金の払戻しを受けることはできないこととなった。

もっとも、前述したとおり、被相続人が死亡したとしても、その旨を被相続人名義の口座のある金融機関に届け出なければ、現実には預貯金を払い戻すことが可能である。事実上、共同相続人の一人が、遺産分割前に、預貯金の全部又は一部を払い戻すことが可能であることは、平成28年最高裁大法廷決定の前と後とで変わらない。

平成28年最高裁大法廷決定後でも、相続人全員の合意があれば、払戻金を遺産分割の対象とすることは可能である。

(2)　払戻金を遺産分割の対象としない場合の不公平

他方、合意がないときには、遺産分割前に預貯金の全部又は一部が払い戻されたことによって、遺産分割において共同相続人間に不公平が生ずる結果となる。すなわち、預貯金の払戻しを行った者の最終的な取得額が預貯金の払戻しを行わなかった場合と比べて大きくなり、その反面、他の共同相続人の遺産分割における取得額が小さくなるという計算上の不公平が生じることとなる。

具体的な例で説明する。

第1章 相続預貯金の法律知識 105

＜ケース1＞

　被相続人の相続開始時に800万円の預金があり、相続人は子A及び
Bの2人で、子Aが被相続人から200万円を生前贈与されており、子A
が相続開始後に預金から300万円を払い戻して費消してしまい、遺産
分割時において預金500万円しか残っていないというケースを想定す
る。

　みなし遺産は1,000万円（相続開始時の預金800万円＋生前贈与の
200万円）であり、法定相続分は各500万円となる。

　もしAが300万円を払い戻していなければ、Aの具体的相続分は300
万円（＝500万円－200万円）、Bの具体的相続分は500万円となる。

　ところが、Aが300万円を払い戻したことにより同額は遺産分割時
に現存していないため遺産分割の対象財産に含めることができなくな
る。この場合、みなし遺産は700万円（遺産分割時の預金残高500万円
＋生前贈与200万円）であり、法定相続分は各350万円、Aの具体的相
続分は150万円（＝350万円－200万円）、Bの具体的相続分は350万円と
なる。最終的に、Bは遺産分割で350万円しか取得できない一方で、払
戻しをしたAは300万円と遺産分割で取得した150万円の計450万円を
取得することとなり、払戻しをしなかった場合と比べてAの取得額が
多くなるという計算上の不公平が生じる。

　BはAに対し、別途遺産分割前に払い戻した300万円のうち法定相
続分である150万円について、不法行為に基づく損害賠償請求又は不
当利得に基づく返還請求をなし得るが、手間や費用を考えるとBの負
担は大きい。

＜ケース2＞

　被相続人の相続開始時に800万円の預金があり、相続人は子A及び
Bの2人で、子Aが被相続人から1,000万円を生前贈与されており、子
Aが相続開始後に預金から600万円を払い戻して費消してしまい、遺

産分割時において預金200万円しか残っていないというケースを想定する。

みなし遺産は1,800万円（相続開始時の預金800万円＋生前贈与の1,000万円）であり、法定相続分は各900万円となる。

もしAが600万円を払い戻していなければ、Aの具体的相続分はゼロ（＝900万円－1,000万円でマイナス100万円となるが、具体的相続分はゼロとなる。）、Bの具体的相続分は800万円となる。ところが、Aが600万円を払い戻したことにより同額は遺産分割時に現存していないため遺産分割の対象財産に含めることができなくなる。この場合、みなし遺産は1,200万円（遺産分割時の預金残高200万円＋生前贈与1,000万円）であり、法定相続分は各600万円、Aの具体的相続分はゼロ（＝600万円－1,000万円でマイナス400万円となるが、具体的相続分はゼロとなる。）、Bの具体的相続分は200万円となる。最終的に、Bは遺産分割で200万円しか取得できない一方で、払戻しをしたAは600万円を取得することとなり、払戻しをしなかった場合と比べてAの取得額が多くなるという計算上の不公平が生じる。

BはAに対し、別途遺産分割前に払い戻された600万円のうち法定相続分である300万円について、不法行為に基づく損害賠償請求又は不当利得に基づく返還請求をなし得るが、300万円の支払を受けたとしても遺産分割で取得した200万円と合わせて500万円にしかならない一方、AはBに対し300万円を返還したとしても残額300万円と生前贈与の1,000万円と合わせて1,300万円を取得する計算となり、当事者間の不公平はなおも残ったままとなる。

4 相続法改正による変更（遺産の分割前に遺産に属する財産を処分した場合の遺産の範囲の規定の新設）

今般の相続法改正において、上記3で述べたような相続人間の不公

平を是正し、公平かつ公正な遺産分割を実現するための具体的な方策が検討され、預貯金に限らず相続開始後に処分された財産について一定の要件を満たせば遺産分割時に遺産として存在しているものとみなし、遺産分割の枠組みの中で共同相続人の公平を実現する制度が採用されることとなった（改正民906の2）。

改正民法906条の2第1項は「遺産の分割前に遺産に属する財産が処分された場合であっても、共同相続人は、その全員の同意により、当該処分された財産が遺産の分割時に遺産として存在するものとみなすことができる。」と定め、同条2項は「前項の規定にかかわらず、共同相続人の一人又は数人により同項の財産が処分されたときは、当該共同相続人については、同項の同意を得ることを要しない。」と定めている。

これにより、当該処分を行ったのが共同相続人の一人である場合には、遺産分割時に当該処分した財産を含めることについて他の共同相続人の同意さえあれば、これを遺産分割の対象として含めることができることとなり、公平な遺産分割を実現することができることとなった。

上記3のケース1の場合、Bが遺産分割前の払戻金を遺産とする旨の意思表示をすれば、Aの同意は必要なく払戻金300万円は遺産として存在するものとみなされることになる。同ケース2の場合、同じく払戻金600万円は遺産として存在するものとみなされることになる。

5　改正民法906条の2における取扱い

(1)　遺産分割前に遺産に属する財産が全て処分された場合

遺産分割は、相続開始時に存在し、かつ、分割時にも存在する相続財産を分割する手続であり、遺産分割前に遺産に属する財産が全て処分され、遺産分割の対象となる財産が存在しない場合には、そもそも

遺産分割を行うことができない。

　改正民法906条の2の規定は、あくまでも遺産分割が行われる場合であることを前提として、処分された財産を遺産とみなすことができるという規定であるため、遺産分割をすることができない場合には、同条を適用することはできないとされる。

　したがって、遺産が預貯金しかなく、共同相続人の一人が当該預貯金を全て払い戻してしまったような場合には、改正民法906条の2を適用して払い戻された預貯金を遺産とみなして遺産分割を行うことはできない。

　この場合には別途不当利得又は不法行為の訴訟を提起せざるを得ないこととなる。

（2）　遺産分割前に遺産に属する財産を処分したのが共同相続人以外の第三者である場合

　改正民法906条の2第1項は、文言上、当該処分が共同相続人によるものか、それ以外の第三者によるものかで区別をしていないことから、同項については、遺産分割前に遺産に属する財産を処分したのが共同相続人以外の第三者である場合にも適用がある。

　例えば、被相続人の生活の面倒を見ていた被相続人の知人が被相続人の死亡後に被相続人の預金を払い戻したというケースでは、被相続人の共同相続人全員の同意により、払い戻された預金について遺産として存在するものとみなすことができる。これは、改正前において、実務上、第三者に対する損害賠償請求権について共同相続人全員の同意によりいわゆる代償財産を遺産分割の対象とする取扱いがなされていたことを認めたものである。

　これに対し、改正民法906条の2第2項は、処分が共同相続人の一人又は数人により行われた場合としていることから、第三者が当該処分を行った場合には適用されない。

第1章　相続預貯金の法律知識　　　109

(3)　改正民法906条の2第1項の共同相続人の同意の撤回

改正民法906条の2第1項による共同相続人全員の合意が成立すると、処分財産を遺産とみなすという実体法上の効果が生じることとなる。

同意の撤回について新法において特段の措置が設けられていないことから、同条項の同意については、他の意思表示と同様、原則として撤回することができないとされる。

もっとも、共同相続人の同意の一部又は全部が錯誤、詐欺又は強迫によってされたものである場合は、その同意の意思表示は取り消すことができる（民95・96）。

6　みなし遺産確認の訴え

改正民法906条の2第2項は「共同相続人の一人又は数人により同項の財産が処分されたとき」と定めていることから、その処分が共同相続人によってなされたのか、あるいは第三者によってなされたのか、争いが生ずる場合があり得る。処分された財産が遺産の大半を占めている場合に、処分された財産が改正民法906条の2に定めるみなし遺産であることの確認を求める訴えを提起することができるかどうかが問題となる。

遺産確認訴訟の適法性について、最高裁昭和61年3月13日判決（民集40・2・389）は、「遺産確認の訴えは、右のような共有持分の割合は問題にせず、端的に、当該財産が現に被相続人の遺産に属すること、換言すれば、当該財産が現に共同相続人による遺産分割前の共有関係にあることの確認を求める訴えであって、その原告勝訴の確定判決は、当該財産が遺産分割の対象たる財産であることを既判力をもって確定し、したがって、これに続く遺産分割審判の手続において及びその審判の確定後に当該財産の遺産帰属性を争うことを許さず、もって、原告の前記意思によりかなった紛争の解決を図ることができるところで

あるから、かかる訴えは適法というべきである。」と判示している。かかる解釈からすれば、改正民法906条の2の定めるみなし遺産であることの確認を求める訴えを提起することは可能であると考えられる。

例えば、被相続人である父が亡くなり、法定相続人は子A及びBの2人で、遺産分割協議中に遺産の中にあったはずの預金500万円が何者かの手により引き出されていたことが判明し、AはBが引き出したと考えているもののBが強く否定している場合、引き出された預金が被相続人の遺産の大部分を占めているならば、遺産分割の前提として遺産性を確定しておく必要がある。

この場合、AはBを被告として、遺産分割とは別にみなし遺産確認の訴えを提起して、引き出された預金がみなし遺産であることを確認する旨の勝訴判決を得た上で、引き出された預金を遺産に含めた遺産分割を行うこととなる。

第9　名義預金

1　名義預金の意義

被相続人が相続開始時において所有していた財産は、遺産として、遺産分割の対象や、相続税申告の対象になるものであって極めて重要な意味を持っている。

そして、その遺産については、不動産、動産、株式、有価証券などの他、預貯金が主要なものとして含まれる。

その預貯金は、被相続人名義であることが通常であるが、実質的に被相続人が預貯金を所有していても、その預貯金の名義が相続人名義や第三者の名義になっているということもあり得る。このように被相続人以外の名義になっていても被相続人が実質的に所有者といえる預貯金は、一般的に「名義預金」と呼ばれている。

実質的に被相続人の所有である「名義預金」については、被相続人の名義ではなくても、被相続人の遺産として、遺産の分割の対象となるし、相続税申告の対象ともなるものである。

2　預金者の判断基準（対金融機関の訴訟）

預金者の判断基準としては、従来から、客観説、主観説、折衷説の対立があるといわれている。

（1）　客観説

客観説は、自らの出捐により自己の預金とする意思で銀行に対して本人自ら又は使者、代理人を通じて預金契約をした者を預金者とする立場である。この説では、預入行為者が出捐者の金銭を横領して自己の預金とするなどの特段の事情がない限り、出捐者を預金者とする（来栖三郎『法律学全書21　契約法』（有斐閣、1974）674頁、前田庸「預金者の認定と

銀行の免責」『新銀行実務講座14』（有斐閣、1967）81頁、時岡泰「預金の帰属をめぐる問題点」金融法務事情425号24頁（1965））。

(2) 主観説

主観説は、預入行為者が他人の預金であることを表示しない限り、預入行為者を預金者とする立場である。この説では、誰が預金原資を出捐したかは、出捐者と預金者の内部関係であって、預金契約の当事者を決める基準とはなり得ないとするものである（田中誠二『新版銀行取引法（再全訂版）』（経済法令研究会、1979）91頁、我妻栄『債務各論中巻2』（岩波書店、1962）734頁）。なお、我妻説では、金銭の所有権は原則として占有と共に移転することを論拠として、他人から預金を頼まれたときでも自己名義の預金をする場合には、その預金契約当事者の預金となるとしている。

(3) 折衷説

折衷説は、客観説の立場を基本としながら、預入行為者が自己を預金者であると明示した、又は黙示的に表示した場合には、預入行為者を預金者とするとの立場である（菅原菊志「商事判例研究　無記名定期預金における黙示の意思表示による預金者の決定」ジュリスト172号71頁（1959）。なお、菅原説は「明示の意思表示に限る」とする。上田宏「無記名定期預金の性質」金融法務事情689号8頁（1973））。

(4) 無記名定期預金

最高裁は、無記名定期預金（これは、昭和22年頃から昭和63年頃まで存在した預金で、預金者の住所氏名を届出せず、印章のみが届出され、無記名定期預金証書が交付されるというもの。いわゆるタンス預金を金融機関に預入れさせ、インフレ防止、貯蓄増強等に資することを企図した制度といわれている。）の場合に、預入行為者が出捐者の金銭を横領し、自己の預金とする意図などの特段の事情のない限り、無記名定期預金の原資となる資金の出捐者が預金者であると認めるべき

第1章　相続預貯金の法律知識　　113

であるとして、客観説を採用した（最判昭32・12・19民集11・13・2278、最判昭48・3・27民集27・2・376）。無記名定期預金の預金者の判断基準として客観説をとる最高裁の判断は確立したものとなっているといえる。

○最高裁昭和32年12月19日判決（民集11・13・2278）

＜事案の概要＞

　Xは、自己の金員10万円をAに交付して、これをY銀行○支店に対する特別定期預金（無記名定期預金）として預けることを委任し、Aは、その姓の「A」と刻んだ印章を同金の印鑑として届け出た。なお、Aは、Xの金員を横領して自分の預金としたものではないことを認めている。

　YとAとの間で、上記無記名定期預金とAの銀行に対する債務とを対当額にて相殺する合意をした。なお、その相殺の際に、AはYに対し預金証書を提出していなかった。

　Xは、Yに対し預金者はXであるとして、払戻しを請求する訴訟を提起した。

　一審は、Xの請求を棄却したが、二審はXの請求を認容した。そこでYが上告を申し立てた。

＜判　旨＞

　XがAに金員を交付してXのため無記名定期預金の預入れを依頼し、よってAがその金員を無記名定期預金として預入れた場合、Aにおいて右金員を横領し自己の預金としたものでない以上、その預入れにあたり、Aが届出印鑑としてAの氏を刻した印鑑を使用し、相手方のYが、かねてAを知っており、届出印鑑を判読して預金者をAと考え預金元帳にもAを預金者と記載した事実があったとしても、右無記名定期預金の債権者はAでなく、Xと認めるのが相当である。

　普通預金たると、普通の定期預金たると、本件のような無記名定期預金たるとを問わず、すべて預金の支払は、真正の預貯金債権者に対してなされてこそ弁済の効力を有することは、債権法の通則である。ただ本件無記名定期預金においては、支払を請求する者が預金証券と預け入れの際に届け出た印鑑を提出することを要し、またこの手続をふんでYが

支払をなした場合には、それがよしや真正な預金債権者でない者に支払われたとしても、Yが免責されることは、所論のとおりである。しかし、本件においては、Aが、預金証券を提出することなく、届出印鑑を提出しただけで、自己がYに対して負担する債務と本件無記名定期預金債権とを相殺したものである。預金証券を提出せず、届出印鑑のみを提出した真の債権者にあらざる者に対し、Yが本件預金の支払をした場合にその支払によって預金債務につき免責を得ないと同様に、前記相殺によってYが本件無記名定期預金につき免責を得るものということはできない。また、Aが債権の準占有者であるという主張は、原審においてなされていないところである。したがってXの請求を認めた原判決は結局正当である。

＜解　説＞

　無記名定期預金の預金者の判定について、最高裁判所は、預金預入行為をした者が預金者となるのではなく、原資たる資金を出捐した者が預金者となることを明示しているものといえる。いわゆる客観説を採ったものといえる。

○最高裁昭和48年3月27日判決（民集27・2・376）

＜事案の概要＞

　A（個人）は、Y銀行○支店にAの事務員を赴かせると電話した上、Xの妻をAの事務員としてXの保有するB銀行振出しの受取人をY銀行○支店とする記名式銀行小切手を持参して、Y銀行○支店に赴かせ、所定の印鑑票にAの印を押捺して無記名定期預金（第1回の無記名定期預金）が作成された。

　その後に第1回の無記名定期預金の預け替えとして、Aの経営するA木材工業株式会社名義の記名定期預金1口と、無記名定期預金3口（第2回各定期預金）が作成された。

　Xは、Y銀行に対し、預金の払戻請求をしたが、一審及び二審は、第1回無記名定期預金並びに第2回各定期預金の預金者はXと認められないとして、Xの請求を棄却した。そこで、Xは上告をした。

第1章　相続預貯金の法律知識　　115

＜判　旨＞

　無記名定期預金契約において、当該預金の出捐者が、自ら預入行為を
した場合はもとより、他の者に金銭を交付し無記名定期預金をすること
を依頼し、この者が預入行為をした場合であっても、預入行為者が右金
銭を横領し自己の預金とする意図で無記名定期預金をしたなどの特段の
事情の認められないかぎり、出捐者をもって無記名定期預金の預金者と
解すべきであることは、当裁判所の確定した判例であり（昭和29年（オ）
第485号同32年12月19日第一小法廷判決・民集11巻13号2278頁、昭和31年
（オ）第37号同35年3月8日第三小法廷判決・裁判集民事40号177頁）、いま
これを変更する要はない。けだし、無記名定期預金契約が締結されたに
すぎない段階においては、銀行は預金者が何人であるかにつき格別利害
関係を有するものではないから、出捐者の利益保護の観点から、右のよ
うな特段の事情のないかぎり、出捐者を預金者と認めるのが相当であり、
銀行が、無記名定期預金債権に担保の設定をうけ、または、右債権を受
働債権として相殺をする予定のもとに、新たに貸付をする場合において
は、預金者を定め、その者に対し貸付をし、これによって生じた貸金債
権を自働債権として無記名定期預金債務と相殺がされるに至ったとき等
は、実質的には、無記名定期預金の期限前払戻と同視することができる
から、銀行は、銀行が預金者と定めた者（以下、表見預金者という。）が
真実の預金者と異なるとしても、銀行として尽くすべき相当な注意を用
いた以上、民法478条の類推適用、あるいは、無記名定期預金契約上存す
る免責規定によって、表見預金者に対する貸金債権と無記名定期預金債
権との相殺等をもって真実の預金者に対抗しうるものと解するのが相当
であり、かく解することによって、真実の預金者と銀行との利害の調整
がはかられうるからである。

　Y銀行の相殺の抗弁については、○支店が、右各定期預金を担保とし、
若しくは、この各定期預金債権を受働債権として相殺することを予定し
て、A又はA木材工業株式会社との間に手形割引等の銀行取引をするに
当たり、○支店が銀行として尽くすべき相当の注意を用いてA又はA木
材工業株式会社を預金者と確定したかどうか、すなわち、○支店が、前
記のようにAから定期預金証書の呈示を受けながら、その後の取引をす

116 第1章 相続預貯金の法律知識

るに当たり、何ゆえに定期預金証書の占有取得の方法をとらなかったか
などの点について審理し、右抗弁の成否につき判断すべきものである。
したがって、それらについて審理する必要があるとして、最高裁は原判
決を破棄し、原審に差し戻す旨の判決をした。

＜解　説＞

　無記名定期預金契約において、預金原資の出捐者が預金者となること
が、最高裁の確定した判例であることを明確に述べ、その理由として、
無記名定期預金契約が締結された段階において、銀行は、預金者が何人
であるかにつき格別の利害関係を有していないから、もっぱら出捐者の
利益保護の観点から預金者の判断を行うべきであることを述べている重
要な判決といえる。

(5)　記名式定期預金

　最高裁は、無記名定期預金について客観説を採用した以降に、記名
式定期預金についても、客観説を採用した（最判昭52・8・9民集31・4・742、
最判昭57・3・30金法992・38）。

○最高裁昭和52年8月9日判決（民集31・4・742）

＜事案の概要＞

　AがY（信用組合）の職員Bを介してYに記名式定期預金を預け入れ
ていたが、三度目の書換えからB名義を使ってBの氏名を刻んだ印鑑を
作製・保管して、押捺し、利回りの良い職員定期預金として、B名義の
記名式定期預金を作り、B名義の印鑑をAが所持していた。

　Aが死亡しその相続人たるXは、Yに対し上記記名式定期預金につい
て預金者はXであるとして払戻請求をし、一、二審は、その請求を認容
した。Yが上告した。

＜判　旨＞

　Xの被相続人であるAが、Yの管理部職員として貸付と回収の事務を
担当していたBの勧めに応じて、自己の預金とするために600万円を出
捐し、かねて保管中の「B」と刻した印章を同人の持参した定期預金申

第1章　相続預貯金の法律知識　　117

込書に押捺して、Ｂ名義による記名式定期預金の預入手続を同人に一任
し、Ｂが、Ａの代理人又は使者としてＹとの間で元本600万円のＢ名義に
よる本件記名式定期預金契約を締結したうえ、Ｙから交付を受けた預金
証書をＡに交付し、Ａがこの預金証書を前記「Ｂ」と刻した印章ととも
に所持していたとの原審の事実認定は、原判決挙示の証拠関係に照らし、
首肯するに足りる。右事実関係のもとにおいては、<u>本件記名式定期預金
は、預入行為者であるＢ名義のものであっても、出捐者であるＡ、ひい
てはその相続人であるＸを預金者と認めるのが相当である。</u>そして、最
高裁は、原判決を正当としてＹの上告を棄却した。

＜解　説＞

　無記名定期預金については客観説に立つ最高裁判例が確立していた
が、記名式定期預金についても同様に基本的に出捐者を保護するという
客観説に立つべきであることを明らかにした重要な最高裁判決である。

　(6)　普通預金

　最高裁は、普通預金に関し、「Ｘ（保険会社）代理店Ａ社Ｂ」（Ｂは
Ａ社の代表取締役）という名義の普通預金について、保険会社と金融
機関間の（当該預金はＡ社の預金であるとして金融機関がＡ社に対す
る貸付債権と対当額にて相殺した事案の）訴訟において、当該預金口
座は（保険会社Ｘのための）保険料預り専用の口座であったとしても、
Ａ社が預金口座の通帳、印鑑を管理し、払戻手続の一切を行っており、
ＸからＡ社への預金契約締結の代理権を授与していたとの事情も記録
上うかがわれず、保険料の金銭の所有権は、金銭受領者・占有者であ
るＡ社に帰属しており、Ａ社はＸに対し金銭を送金する義務を負担す
るにすぎず、預金の原資は、Ａ社が所有していた金銭にほかならない
として、上記普通預金の預金債権の帰属者はＡ社であると認定した（最
判平15・2・21民集57・2・95）。

　この普通預金についての最高裁判例の捉え方については、当該事案
についての事例判決であって、普通預金について客観説を採用したの

か、否定したのかについての判断を必ずしも明確に示したものではないといえる。むしろ、従前からの定期預金の帰属に関する判例が判示するような(預金の原資を誰が実質的に出捐したかを探究するという)客観説的なアプローチは取ってはいないと指摘する見解がある(『最高裁判所判例解説　民事篇（平成15年度）（上）』〔尾島明〕（法曹会、2006）70頁）。

　当方の私見としては、当該事案の第一審、第二審が従前からの客観説を採用して、保険料は保険会社Xに帰属するものとして、本件普通預金の出捐者は保険会社であって、預金の帰属者も保険会社Xとしていたのを、その第一審、第二審の判断を覆して、預金者を保険代理店A社と認めた最高裁は、従前の客観説を否定したとも言えなくもないが、判断の枠組みとしては、保険料という金銭は、（A社は保険会社Xに対してそれを送金する義務を負うとしても）金銭占有者・所有者たる保険代理店A社に帰属しているから、本件預金の出捐者はA社であると認定しているのであって、一応、従来からの出捐者は誰かを重視して、出捐者を預金者とみる客観説の立場を基本的に維持しているとも考えられる。ただし、最高裁の判決文全体を見るならば、預金預入行為者であるA社を預金者と認めているものであって、実質的には主観説の立場からも同じ結論を導ける内容となっているといえる。むしろ、金銭の所有権は占有と共に移転するという主観説・我妻説の論拠となる考え方がこの最高裁の判断理由の一つとされていることも注目される。

○最高裁平成15年2月21日判決（民集57・2・95）

＜事案の概要＞

　A社は、X（損害保険会社）の損害保険代理店である。なお、A社は、損害保険代理店の専業会社ではなく、本来の主たる業務としては建設工事請負等を営んでいた。

第1章 相続預貯金の法律知識　　119

　A社は、昭和61年頃、Y（信用組合）に「X代理店A社B」（Bは、A社の代表取締役）名義の普通預金口座（本件預金口座）を開設した。本件預金口座は、A社がXのために保険契約者から収受した保険料を自己の財産と明確に区別して保管する目的で開設された。

　本件預金口座の通帳及び届出印は、A社が保管していた。

　A社の業務作業は、おおむね次のとおりに行われていた。

①　Xを代理して、保険契約者と保険契約を締結する。

②　保険契約者から保険料を収受して、X名義の領収書を作成・交付する。

③　保険料として収受した金銭は、他の金銭と明確に区別して、集金・保管し、これを本件預金口座に入金する。

④　毎月15日頃に、Xから前月分の集計結果に基づく保険料請求書が送付されてくるので、毎月20日頃、本件預金口座から前月分の保険料全額の払戻しを受け、そこからA社が受け取るべき代理店手数料を差し引いた上で、残りの金銭をXに送金する。

⑤　本件預金口座に発生する利息は、A社が取得する。

　A社は、平成9年5月上旬頃には第2回目の不渡りを出すことが確実な状況となっていた。

　Yは、平成9年5月上旬頃、YのA社に対する貸付債権と本件預金債権全額とを対当額で相殺する旨の意思表示をした。

　Xが、Yに対し、自己が本件預金口座の預金者であると主張して、預金の払戻しを請求した訴訟である。

　Yは、本件預金口座の預金者は、Xではなく、A社であって、前記の相殺が有効に行われたと主張した。一審、二審は、Xの請求を認容した。Yは上告した。

＜判　旨＞

　損害保険会社Xの損害保険代理店であるA社が、保険契約者から収受した保険料のみを入金する目的で金融機関に「X代理店A社B」名義の普通預金口座を開設したが、XがA社に金融機関との間での普通預金契約者結の代理権を授与しておらず、同預金口座の通帳及び届出印をA社が保管し、A社のみが同預金口座への入金及び同預金口座からの払戻

事務を行っていたという判示の事実関係の下においては、同預金口座の預金債権は、XにではなくＡ社に帰属する。

　よって、本件普通預金の預金者はＡ社であって、Xを預金者とするXの請求は認められないとして、原判決を破棄して、Xの請求を棄却した。

　＜解　説＞
　本件普通預金の原資は、基本的には保険会社に帰属すべきものであって、保険会社が普通預金の出捐者ということもできるものであって、従来の客観説の立場からすると、預金者を保険会社とみる考え方もできなくもない。一審・二審の判断は、客観説の立場に立つとして、Xの請求を認容していた。

　しかし本件の事案では、預金のうちよりＡ社の受け取るべき手数料を、差し引いたのちに、Xに送金されるのであって、送金するまでの間は、Ａ社が当該預金を占有・所有・管理しているものともいえるものであって、最高裁判決の結論は首肯できるものといえる。

　普通預金の預金者の判断基準として、従来の客観説とは若干異なるアプローチをとったものといえよう。なお、この最高裁判決の結論は、客観説、主観説のいずれの立場に立っても同じ結論を導き得るといえるし、むしろ、預金預入行為者を重視する主観説（とりわけ我妻説）の立場により合致しているともいえよう。

3　名義預金の判断基準

（1）　課税処分庁と納税者との間の係争

　上記2は、無記名定期預金、記名式定期預金、普通預金について、主として、預金権利者と主張する者と金融機関との間の係争についての論議であった。

　今度は課税処分庁と納税者（相続人）との間の係争について、相続人や第三者の名義の預金であっても被相続人が所有するいわゆる名義預金として、ひいては、被相続人の相続財産として取り扱われるかの判断事例（国税不服審判所裁決や裁判所の判決）を見てみよう。

第1章　相続預貯金の法律知識　　　121

○国税不服審判所平成3年1月18日裁決（裁事41・271）
＜事案の概要＞

名義	預入日	
A	昭和62年4月11日	30万円（甲貯金）
A	同上	70万円（乙貯金）
A	昭和62年11月24日	100万円（丙貯金）

　原処分庁は、定期貯金の届出住所は、被相続人の住所となっていて、届出住所にAの住民登録がなく、届出印鑑は、被相続人が所有する被相続人名義の（別の）定期貯金の届出印と同じであること、定期貯金の管理運用は、被相続人であることなどにより、被相続人が真実の所有者であり、相続財産となるとして、課税処分をした。
　X₁、X₂は、X₂がAのために毎月積立預金をして振り替えたもので、定期貯金はAのものであると主張して、審査請求をした。
＜審判所の判断＞
　　定期貯金の発生経緯は
　　甲貯金　　昭和52年12月19日　　以後解約・預入れを繰返し
　　乙貯金　　昭和52年12月19日　　以後解約・預入れを繰返し
　　丙貯金　　昭和52年11月24日　　以後解約・預入れを繰返し
　甲乙丙貯金はいずれも当時の所得税法による少額預貯金の利子所得等の非課税の適用を受けていた。
　被相続人は、昭和52年12月8日に250万円、昭和53年6月某日に500万円、昭和53年9月19日に1,162万5,000円の土地譲渡代金を受領していた。

Aは定期貯金に係る贈与税の申告をしていない。

なお、X_2は、X_2が毎月1万円〜2万円の積立預金をして、それを原資にして本件の定期貯金にまとめたと主張するが、本件定期貯金は、昭和58年4月11日以前からあった定期貯金を継続したものであり、X_2の積立預金から本件定期貯金が出捐されたとはいえない。また、X_2の主張のとおりでも3年程度の期間では到底定期貯金の金額に達しないことは明らかである。

本件定期貯金は被相続人の相続財産であったことが明らかである。

＜解　説＞

本件定期貯金が、被相続人が所有する名義預金なのか、名義人の所有する定期貯金なのかが争われた。本裁決は、定期貯金の原資の内容を解明し、他人名義預金とした動機、解約・預入れを繰り返していた経緯、納税者である審査請求申立人側の反論主張が認められないこと等を懇切丁寧に認定した上で、被相続人の相続財産たる名義預金であると判断しているものであって、大変説得力のある内容である。

○東京地裁平成19年5月31日判決（税資257・111（順号10720））

＜事案の概要＞

昭和61年11月1日	X_2、X_3名義の定期預金口座開設
昭和61年11月18日	X_4名義の定期預金口座開設
平成2年8月13日	X_1名義の定期預金口座開設

いずれも被相続人が開設、印鑑届も被相続人が記入、（X_1名義の定期預金を除いて）印鑑も被相続人が使用していたものが使用された（X_1名

第1章　相続預貯金の法律知識　　123

義の定期預金についての届出印は、その他の場合の印鑑とは異なっているが、その経緯は不明）。

　その後、各定期預金については預替え、書換えが何度も行われた。それらの手続も被相続人が行っていた。

　平成13年5月15日、各定期預金を解約し、（銀行は被相続人の意思確認をして）X$_1$、X$_2$、X$_3$及びX$_1$らの口座に各3,243万4,519円ずつ送金された。

　X$_1$らは、平成4年時点で被相続人からX$_1$らに各定期預金が贈与されていたと主張した。

　課税処分庁は、平成13年5月時点での贈与であり、相続開始前3年内の贈与であるので、相続税の課税価格に加えられると主張した。

　X$_1$らは、課税処分の取消しを求めて提訴した。

<判　旨>

1　納税者ら名義の定期預金は、当初預入れから数年にわたり被相続人名義及び同人の妻名義の定期預金とほとんど同じ機会に全て被相続人が手続を行ってきており、被相続人が自ら管理していたもので、納税者らが自ら管理をしてきたものでもなく、納税者らが自由に処分できる状況にあったとも認められず、被相続人に帰属している財産であって、被相続人から納税者らに対する贈与がなされたともいえない。

2　平成13年5月に被相続人の承諾を得て、納税者らが被相続人が管理していた納税者らの名義の預金を解約し、納税者らが管理している普通預金口座へ振り込まれたのは、被相続人から納税者らに対する贈与がなされ、その履行がされたと認められ、本件相続開始は平成13年12月15日であるところ、同日は相続開始前3年以内に当たるから相続税法19条の規定により相続税の課税価額に加算されるべきである。

<解　説>

　このケースでは、X$_1$ら名義の預金について、元々、被相続人が所有するいわゆる名義預金であったこと自体は、課税処分庁とX$_1$ら間で争いがなかったものである。それが、被相続人からX$_1$らに贈与された時期がいつかが争点となったものである。したがって、各定期預金の原資が

被相続人のいかなる資金から出捐されたか等については、特段の探究はなされていない。贈与の時期は、平成4年なのか平成13年なのかについては、判決文が摘示する事実関係からすると、平成13年とみるしかないと考えられ、判旨は妥当と考えられる。

〇東京地裁平成20年10月17日判決（税資258・195（順号11053））
＜事案の概要＞

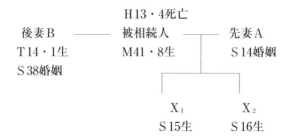

被相続人は、妻Bに全財産を相続させる旨の遺言をした。
X₁、X₂は遺留分減殺請求をした。
X₁、X₂はBを相手方として遺産分割調停の申立てをしたところ、Bが一定の財産を譲渡する旨等の条項を定めた調停が成立した。
X₁、X₂は、相続税の期限後申告書を提出した。
課税庁（税務署長）は、B名義の預金等について、被相続人の相続財産であるとして申告漏れによる更正処分、過少申告加算後の賦課決定処分をした。
X₁、X₂が前記処分に対する異議申立てをしたところ、課税庁は一部を取り消す旨の決定をした。
X₁、X₂が国税不服審判所へ審査請求をしたところ、前記処分を更に一部取り消す旨の裁決がなされた。
その上で、地裁への取消訴訟を提起した。
［X₁らの主張］
　B名義の預金は、被相続人からBへ贈与されたものである。Bが老

第1章　相続預貯金の法律知識　　125

後の生活に不安を有していて、被相続人に働きかけて贈与された。B
は取引口座の印章を被相続人と同一のものにして使用していた。Bの
思うままに被相続人名義の預金を含めて、口座の開設、解約を行って
いた。B名義の預金をBが管理・使用していた。Bの財産である。被
相続人の遺産ではない。

［国・処分庁の主張］

　原資の出捐は、被相続人である。預金について、Bは、贈与を受け
る意思を有していない。不動産のときは贈与契約書を取り交わしてい
るのに、預金については贈与契約書を取り交わしていない。

　Bは、調停の後、B名義の預金等について、被相続人の相続財産で
あるとして、修正申告書を提出している。

　被相続人の所有する相続財産（名義預金）であるとして、課税処分
をしたものである。

＜判　旨＞

1　ある財産が被相続人以外の者の名義となっていたとしても、当該財
　産が相続開始時において被相続人に帰属するものであったと認められ
　るものであれば、当該財産は相続税の課税の対象となる相続財産とな
　る。

　　そして、被相続人以外の者の名義である財産が相続開始時において
　被相続人に帰属するものであったか否かは、当該財産又はその購入原
　資の出捐者、当該財産の管理及び運用の状況、当該財産から生ずる利益
　の帰属者、被相続人と当該財産の名義人並びに当該財産の管理及び運
　用をする者との関係、当該財産の名義人がその名義を有することになっ
　た経緯を総合考慮して判断するのが相当である。

2　当該事案については、原資の出捐者は、被相続人である。

　　管理・運用は、Bが行っていたが、夫婦間では妻が夫の財産を管理・
　運用していたことも不自然なことではない。

　　果実の取得がBであったとしても、B名義の預金自体については、被
　相続人の財産であったと認められる。

3　預金について、贈与契約書がない（不動産贈与については、贈与契約

書があった。)。

　妻Bは、当該B名義預金も被相続人の相続財産であるとして、修正申告している。

4　以上を総合考慮して、B名義の預金は、被相続人の相続財産と認められる。

＜解　説＞

　上記判決において、名義預金（被相続人の所有する相続財産）であるか、名義人とされている被相続人以外の者の預金であるかどうかについての判断基準を明確に示しているので、大いに参考となる。

　「①当該財産又はその購入原資の出捐者、②当該財産の管理及び運用の状況、③当該財産から生ずる利益の帰属者との関係、④被相続人と当該財産の名義人並びに当該財産の管理及び運用する者との関係、⑤当該財産の名義人がその名義を有することになった経緯等を総合考慮して判断するのが相当である」ことを示している。そして、上記①〜⑤の5項目を総合考慮して、名義預金か否かを判断することは、現在の通説的見解となっているといえる。

　なお、そのうちでも最も重要なのは、①といえる。②、③、④、⑤はそれを補完する事柄と考えられる。

(2)　預金と相続財産（課税処分庁との係争）

　上記(1)の3つの判例等を総合してみるならば、課税処分庁と納税者との間の係争において、預金が相続財産となるか否かの判断基準について、有力な裁判例（東京地判平20・10・17税資258・195（順号11053））の判示するところの「①当該財産又はその購入原資の出捐者、②当該財産の管理及び運用の状況、③当該財産から生ずる利益の帰属者との関係、④被相続人と当該財産の名義人並びに当該財産の管理及び運用する者との関係、⑤当該財産の名義人がその名義を有することになった経緯等を総合考慮して判断するのが相当である」と述べているのが大いに参考となると考えられる。

第1章　相続預貯金の法律知識　127

　それらの判断項目のうち、最も重要となるのは、①原資の出捐者は誰かということである。それに付随して、②管理・運用の主体であったのが誰なのか、③果実収受の有無、④被相続人と名義人及び管理運用者との関係、⑤名義経由の経緯等も併せて考慮されるというべきである。

　さらに具体的に言うならば、①原資を被相続人が出捐していて、②開設手続も被相続人が行い、通帳、印鑑等も被相続人が管理しているならば、名義預金である蓋然性は高いといえよう。なお、①原資の出捐者が被相続人であったとしても、②開設手続を名義人が行い、通帳、印鑑も名義人が所持し、名義人が管理・運用していたのであれば、原資の資金について、被相続人から名義人に贈与されており、贈与を受けた資金で名義人が自ら口座を開設管理していたものとして、預金者は名義人と認められる場合もあり得よう。贈与契約の有無、贈与の時期等について、確認する必要が出てくる。

　また、①原資を被相続人が出捐し、②預金の開設手続も被相続人が行い、通帳、印鑑等も被相続人が管理していたとしても、その後に、②通帳、印鑑の管理や運用を名義人が行うこととなって、③利息も名義人が受けるように変更された等の事態が生じているときは、もともとは（被相続人が所有する）名義預金であったが、その後に、被相続人から名義人が当該預金について贈与を受けたということも考えられるので、贈与契約締結の有無、贈与の時期、贈与税申告の有無その他を確認することが肝要となろう。

4　相続人ら間の係争

（1）　判断基準

　上記3は、名義預金の判断基準について、主として、被相続人の相続財産たる名義預金ではなく、名義人たる相続人あるいは第三者の財産

と主張する相続人と課税処分庁との間の係争について検討した。

そして、被相続人の相続財産たる名義預金であるか、あるいは、名義人たる相続人又は第三者の預貯金であるかの判断基準については、相続人ら対課税処分庁の係争についてだけではなく名義預金をめぐる相続人ら間における係争においても、上記3で検討した判断の対象とすべき5項目が基本的に重要な事柄となると考えられる。すなわち、名義預金か否かの判断基準となる上記5項目は、納税者対課税処分庁の裁判等についてだけでなく、相続人ら間の係争において名義預金か否かが争点となった場合にも妥当する判断基準となるものと解される。

(2) 預金と遺産確認訴訟

遺産分割協議・調停・審判を行う前提として被相続人の所有する相続財産たる名義預金なのか、あるいは、名義人とされている相続人又は第三者の預貯金なのかが問題となる場合も多く存在する。その場合には、遺産分割協議・調停・審判の前提として、当該預貯金が遺産であるか否かが争点となり、遺産確認訴訟を提訴して、その訴訟において、前提問題の解決を図ることが肝要となると考えられる。

それに関連して、(名義預金か否かが争点となったものではないが)まず、預貯金と遺産確認訴訟に関する基本的な判例を2つ紹介する。

○最高裁平成22年10月8日判決（民集64・7・1719）

＜事案の概要＞

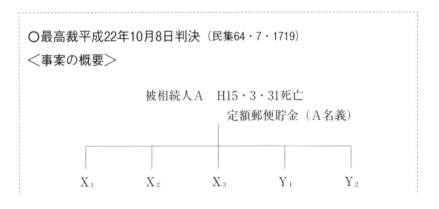

第1章　相続預貯金の法律知識　　129

　Y_1、Y_2は（相続開始時に、法定相続分に応じて当然に分割され、各相続人の単独分割債権となっているとして）本件定額郵便貯金についてＡの遺産であることを争っている。

　X_1、X_2、X_3は、Ａの遺産であることの確認を求めて訴訟を提起した。

　一審の判断は、貯金債権は、当然に分割承継される可分債権であるからX_1らの請求は、Ａ死亡時にＡ名義の定額郵便貯金債権がＡに帰属していたことの確認を求める内容の過去の法律関係の確認を求めるものというべきであるが、本件紛争の経緯に照らせばX_1らの訴えには確認の利益があるとしてX_1らの請求を認容した。

　二審の判断は、可分債権については、特段の事情のない限り、遺産分割前の共有関係にあることの確認、すなわち、遺産確認の訴えの利益はない。しかし、郵便局の定額貯金については、預入の日から10年間は法定相続分に応じた払戻請求は許されないので、10年間は遺産共有状態解消の手続である遺産分割の対象となるので、可分債権の例外として、なお、遺産確認の訴えの利益があるとして、X_1らの請求を認容した。

　これに対し、Y_1、Y_2は、上告受理の申立てをした。その理由としては、定額郵便貯金債権は、相続開始と同時に当然に相続分に応じて分割されて、各共同相続人の分割単独債権となり、遺産分割の対象とならず、定額郵便貯金が現に被相続人の遺産に属することの確認を求める訴えとしては、その確認の利益は認められないので、X_1らの請求は却下されるべきであると主張した。

＜判　旨＞

　定額郵便貯金債権は、その預金者が死亡したからといって、相続開始と同時に当然に相続分に応じて分割されることはないというべきである。そうであれば、同債権の最終的な帰属は遺産分割の手続において決せられるべきことになるのであるから、遺産分割の前提問題として、民事訴訟の手続において、同債権が遺産に帰属するか否かを決する必要性も認められるというべきである。そうすると、共同相続人間において定額郵便貯金債権が現に被相続人の遺産に属することの確認を求める訴えについては、その帰属に争いがある限り確認の利益があるというべきである。

　したがって、Y_1らの上告を棄却した。

＜解　説＞
　上記判決は、預貯金債権のうち定額郵便貯金について、遺産分割の対象となることを、最高裁として初めて認めた先駆的な判決である。この判決が預貯金債権全般について遺産分割の対象となることを認めることとなった平成28年最高裁大法廷決定への途を開いたものと言えよう。預金と遺産確認訴訟に関しても、預金の帰属について争いがある限り、遺産確認訴訟の訴えの利益があることを認めた重要な判決といえる。

〇高松高裁平成18年6月16日判決（判タ1277・401）
＜事案の概要＞

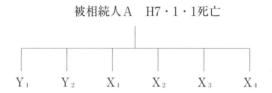

　X_1～X_4は、被相続人Aの相続財産たる預貯金債権につき各金融機関を被告として、法定相続分に基づく支払請求をして、支払を受けている。
　X_1らは、被相続人Aの相続財産たる預貯金債権につき遺産分割の対象ではないことの確認を求める訴訟を提起した。
　Y_1、Y_2は、被相続人Aの相続財産たる預貯金については、遺産分割の対象としてほしいとして、X_1らの主張を争った。
　一審は、（訴えの利益については特に判断を示さずに）X_1らとY_1、Y_2間で本件預貯金は、Aの相続開始と同時に当然分割により分割は終了しているから遺産分割の対象とはならないことを確認するとのX_1らの請求を認容する判決を下した。
　Y_1らは控訴した。

第1章　相続預貯金の法律知識　　　131

＜判　　旨＞

　相続人が複数ある場合において、相続財産中に可分債権があるときに
は、当該債権は法律上当然に分割され、各共同相続人がその相続分に応
じて権利をそれぞれ単独で承継するのであって、共同相続人による遺産
共有関係に立つものではないが、共同相続人全員の合意がある場合には、
当該債権を遺産分割の対象とすることもできると解される。

　遺産分割審判手続において、被相続人が有していた預貯金債権等の可
分債権を遺産分割の対象とすることができるのは、共同相続人全員の明
示又は黙示の合意がある場合に限られるとして、その合意の存否は、当
該可分債権を当該審判手続において遺産分割の対象とするための要件で
あり、その要件が充足されているかの判断は、共同相続人間での合意の
成否ないし有無という事実認定の問題である。これについては、家庭裁
判所が当該審判手続中において遺産の分割のための前提として審理判断
すべきであり、かつ、それをもって足りるとすべきである。本件請求は、
遺産分割手続を離れて、これとは別に独立の事項として可分債権の遺産
分割対象性の消極的確認を求めることに帰着し、実体的な権利関係の確
認を求めるものとはいえないし、そのような事実の確認が遺産分割をめ
ぐる紛争の抜本的解決に資するものということもできない。

　共同相続人間において可分債権につき遺産分割の対象でないことの確
認を求める訴えは、確認の利益を欠くものとして不適法であると解する
のが相当である。

　X₁らの訴えは、不適法として却下を免れないので、X₁らの請求を認
容した一審判決を取り消して、X₁らの本件訴えを却下することとする
との判決を下した。

＜解　　説＞

　平成28年最高裁大法廷決定により、従来の判例が変更されるまでの時
点（この高松高裁平成18年6月16日判決は、上記大法廷決定よりも前の時
点においてなされたものである。）においては、（定額郵便貯金を除いて）
預貯金債権は、相続開始時において、当然に法定相続分に応じて分割さ
れており、相続人ら全員の合意がない限り、遺産分割の対象とならない
という家庭裁判所の実務にもなっていた。

ただし、平成28年最高裁大法廷決定により、預貯金債権についても遺産分割の対象となることが明確にされており、例えば当該預貯金債権が遺産に属するか否かについて、すなわち預貯金債権の帰属について争いがあり、遺産分割手続を進める前提として、それにつき民事訴訟で解決しておかなければならない場合には、預貯金債権に関する遺産確認訴訟が必要不可欠となる場合が多くなってきたことと指摘することができる。

(3)　争　点

　遺産分割をめぐって、相続人ら間における分割協議、調停、審判に際して、当該預貯金が被相続人の相続財産たる名義預金であって、遺産分割の対象となるのか、あるいは、名義人であるとされた相続人や第三者の固有の財産であって、被相続人の遺産ではなく、遺産分割の対象とはならないかについて、争いが生じた場合には、被相続人の遺産に関わる遺産分割協議や調停において、当該預貯金が被相続人の遺産かどうかについて相続人間で合意できるかどうかが、まず問題になる。遺産であるということなら、それを相続人のうち誰が取得するかを定めたり、あるいは、相続人ら間で一定の割合で分け合うことを合意することもできることとなる。

　さらには、当該預貯金は、被相続人甲から相続人乙が既に贈与を受けており、現在、相続人乙の預貯金であって、被相続人甲の相続財産として遺産分割の直接の対象とはならないが、被相続人甲から相続人乙が受けた特別受益として扱い、遺産分割の中で相続人乙の遺産分配取得分から相応する分を減らす旨の合意がなされることもあり得るであろう。

　また、当該預貯金は、もともと相続人乙の固有財産であることについて、他の相続人らの了解が得られれば、完全に被相続人の遺産分割から除外されて、単純に相続人乙の固有財産として扱うこともあり得

る。

(4) 遺産確認訴訟

もし、当該預貯金が被相続人の遺産であるかどうかについて、相続人ら間で何らかの合意が得られなかったときは、最終的には遺産確認訴訟で決着をつけることとなる。

遺産確認訴訟となる場合には、遺産分割調停を進めるわけにはいかないので、遺産分割調停は一旦取下げないし不成立として終了させて、遺産確認訴訟の結果を受けて、その後にまた、遺産分割調停なり遺産分割審判なりの手続へと進むこととなる。

遺産確認訴訟には、積極的に、特定の財産が被相続人の遺産であることを確認する訴訟と、消極的に、特定の財産が被相続人の遺産ではないことを確認する訴訟の二つの類型がある。その類型の差異は、当該訴訟を提起する原告が遺産であることを主張する側の相続人であるか、あるいは、遺産ではないことを主張する側の相続人であるかの違いによる。判決の効力は、基本的には変わらないといえる。

なお、上記の二類型のいずれの訴訟においても、特定の財産が相続財産に属することの立証責任は、特定の財産が相続財産に属すると主張する側にあると考えられる。

そして、当該財産が被相続人の遺産であることを主張する側の者は、当該財産が元被相続人の所有に属したことを主張・立証する必要がある（岡口基一『要件事実マニュアル第2版　下巻』（ぎょうせい、2007）291頁）。したがって、当該財産が預貯金である場合には、通常は、預貯金の資金の出捐状況、その後の管理状況等について主張・立証していくことになると考えられる。

(5) 判決確定後

遺産確認訴訟で、当該財産が相続財産であるのか、そうでないのかが確認されることとなる。その判決が確定すれば、相続財産であるか

どうかについて決着がつくことになる。

相続財産であること、あるいは、相続財産ではないことのいずれか
で決着がつければ、それを前提として、相続人ら間で遺産分割協議を
成立させるなり、遺産分割調停を行うなりして、それでも調停による
協議が不成立なら、遺産分割審判をしてもらうこととなる。

(6)　被相続人の所有していた預貯金債権

なお、被相続人の有していた預貯金債権に関して、被相続人の財産
のうち可分債権は、被相続人の死亡と同時に当然に共同相続人に分割
されるので、当該預貯金債権が、遺産に属せず、遺産分割の対象でな
いことの確認を求める遺産確認訴訟は、確認の利益がなく、訴えは却
下される（高松高判平18・6・16判時2015・60）とする判例があった。

しかし、平成28年最高裁大法廷決定により預貯金について遺産分割
の対象となる旨の判例変更がなされたことにより、上記高松高裁平成
18年6月16日判決の判断法理も変更されるべきものとなったといえる。
なお、平成28年最高裁大法廷決定の前でも、預貯金のうち郵便局定額
貯金のみについては、遺産確認訴訟の対象となる確認の利益があると
されていた（最判平22・10・8民集64・7・1719）。

したがって、被相続人の所有していた預貯金債権に関しては、遺産
分割の対象となることは、平成28年最高裁大法廷決定により明確にさ
れたものであって、その預貯金の帰属につき、被相続人の所有してい
たいわゆる名義預金なのか、名義人たる相続人あるいは第三者の預貯
金なのかにつき争いがある場合には、遺産分割の前提として、遺産確
認訴訟の訴えの利益が十分にあるものと解される。

第10　遺産の一部分割と仮分割仮処分

1　概　要

　法定相続人が複数いる場合に、相続預貯金の払戻請求を行うには、相続人全員によることが必要となる。

　しかしながら、相続人の一部の協力が得られず、調停や審判がなされるまでに時間を要するおそれがあるのに、調停や審判の結果を待たずに預貯金債権の払戻しを行う必要がある場合があり得る。

　このような場合の方法として、①遺産の一部分割と②仮分割仮処分を検討することが考えられる。

2　遺産の一部分割

　遺産の一部分割は、相続法改正前においても可能と考えられていたが、相続法改正において、改正民法907条に明文化された。

　遺産の一部分割は、不動産に関しては相続人間で意見の相違があるため、解決に時間を要するが、預貯金に関しては法定相続分で分割することについて相続人間で意見の相違はないという場合などに、預貯金に関してのみ遺産分割を行うなどという形で利用される。

　なお、一部分割をすることにより他の共同相続人の利益を害するおそれがある場合には、一部分割をすることはできない（改正民907②ただし書）。例えば、特別受益等を考慮した場合、一部分割をしてしまうと、最終的に適切な分割ができない可能性がある場合がこれに当たる。

3　仮分割仮処分

　預貯金債権の仮分割の仮処分は、家庭裁判所に申し立てて、遺産の全部又は一部を仮に取得させる制度である。

預貯金債権の仮分割の仮処分は、相続法改正により、家事事件手続法200条2項の特則として家事事件手続法200条3項が設けられたため、以下では改正後の手続に関し詳述する。

(1)　要　件

① 　遺産分割の調停又は審判の本案が家庭裁判所に係属している必要がある（家事200③本文）。

② 　仮分割の仮処分が認められる要件は、「相続財産に属する債務の弁済、相続人の生活費の支弁その他の事情により遺産に属する預貯金債権を当該申立てをした者又は相手方が行使する必要がある」（家事200③本文）ことであり、具体的な必要性の判断は、家庭裁判所の判断に委ねられている。

③ 　また、仮分割の仮処分は、他の共同相続人の利益を害しない限り、認められることとされている（家事200③ただし書）。

　　具体的には、⑦原則として、遺産の総額に申立人の法定相続分を乗じた額の範囲内で仮払いを認める、⑦被相続人の債務の弁済を行う場合など事後的な精算も含めると相続人間の公平が担保され得る場合には、⑦の額を超えた仮払いを認めることもあり得る、⑦⑦の額の範囲内での仮払いを認めるのも相当でなく、当該預貯金債権の額に申立人の法定相続分を乗じた額の範囲内に限定するのが相当な場合（例えば、預貯金債権のほかには、一応の資産価値はあるが市場流通性の低い財産が大半を占めている場合。このような場合には、他の共同相続人も預貯金債権の取得を希望することが多いと思われる。）にはその部分に限定することもあり得る、と考えられている（法制審議会民法（相続関係）部会「中間試案後に追加された民法（相続関係）等の改正に関する試案（追加試案）の補足説明」13頁）。

④ 　仮分割の仮処分を申し立てることができるのは、遺産分割の調停又は審判の申立てをした申立人又は相手方である。

（2） 効　果

　仮分割の申立てが認容される場合、家庭裁判所は、預貯金債権の仮分割の仮処分をするが、仮分割がされた場合における本案における遺産分割については、民事事件における保全と本案訴訟との関係と同様に解することができるものと考えられる。したがって、原則として、仮分割により申立人に預貯金の一部が給付されたとしても、本分割においてはそれを考慮すべきではなく、改めて仮分割された預貯金債権を含めて遺産分割の調停又は審判をすべきものと考えられている。

　例えば、相続人がA、B、Cの3名（法定相続分は各3分の1）で、相続財産が預金200万円、甲不動産（200万円分）、乙不動産（200万円分）あり、Aの生活費のために上記預金債権200万円を仮払いする旨の仮分割をした場合であっても、本分割においては、下記のとおり、上記預金債権も含めて改めて分割する旨の審判をすることになる。

「被相続人の遺産を次のとおり分割する。

1　Aに、預金債権（200万円）を取得させる。

2　Bに、甲不動産を取得させる。

3　Cに、乙不動産を取得させる。」

第11　取引履歴等の開示

1　残高証明書や取引履歴の開示請求

(1)　概　要

　相続開始後、相続人が金融機関に対して請求する書類として、預貯金口座の残高証明書や取引履歴などがある。残高証明書は、特定日の預貯金口座の残高を記した書類であり、取引履歴は、預貯金口座の過去の入出金の推移が記された書類である。取引履歴は、被相続人の過去の入出金を確認することにより、相続人やその他の者が生前贈与を受けていないか、また、不正な出金がないかなどを確認するために請求することが多い。

　法定相続人の一人が金融機関に対して、残高証明書や取引履歴の開示請求を行った場合、原則として認められる。

　以下詳述する。

(2)　最高裁平成21年1月22日判決

　法定相続人の一人が取引経過の開示を求めることができるか否かにつき、最高裁平成21年1月22日判決（民集63・1・228）は、金融機関には、預金契約に基づき、預金者の求めに応じて預金口座の取引経過を開示すべき義務があると述べた上で、「預金者が死亡した場合、その共同相続人の一人は、預金債権の一部を相続により取得するにとどまるが、これとは別に、共同相続人全員に帰属する預金契約上の地位に基づき、被相続人名義の預金口座についてその取引経過の開示を求める権利を単独で行使することができる（民法264条、252条ただし書）」と述べている。

　以上からすれば、法定相続人の一人は、金融機関に対して、被相続人名義の預貯金口座の残高証明書や取引履歴の開示請求を行うことが

可能と考えられる。

(3)　取引履歴の開示請求をする場合の実務上の留意点

取引履歴の開示請求を行う場合、開示の対象となる期間は、金融機関ごとにまちまちである。過去10年間としている金融機関もあれば、それ以上前の期間も開示する金融機関もある。

また、開示に要する手数料も金融機関ごとにまちまちである。口座当たりいくらという金融機関もあれば、1年ごとにいくらという金融機関や、取引履歴の1枚当たりいくらという金融機関もある。

(4)　開示請求をする場合の必要書類

法定相続人の一人が残高証明書や取引履歴の開示請求をしようとする場合の必要書類は、以下のとおりである。

①　被相続人の除籍謄本

②　請求する相続人の戸籍謄本（全部事項証明書）

③　請求する相続人の印鑑登録証明書

2　振込依頼書や払込伝票等の開示請求

(1)　概　要

上記の取引履歴の開示や被相続人の通帳の確認において、被相続人が行ったとは思えない出金がある場合がある。このような場合において、預貯金の出金を誰が行ったかを確認する方法として、金融機関に対して、当時被相続人が記載した振込依頼書や払込伝票等の開示を請求することがある。

また、自筆証書遺言の筆跡が疑わしい場合に、筆跡を対照するために、振込依頼書や払込伝票等の開示を請求することもある。

共同相続人の一人が被相続人の振込依頼書や払込伝票等の開示請求を行った場合、認められるか。

(2) 開示請求の可否

最高裁平成21年1月22日判決（民集63・1・228）は、共同相続人の一人が取引経過の開示を請求した場合について、「金融機関は、預金契約に基づき、預金者の求めに応じて預金口座の取引経過を開示すべき義務を負う」と述べている。この判例は、取引経過の開示に関して述べただけで、振込依頼書や払込伝票等に関しては直接には触れていない。

この点、上記の判例において、取引経過の開示義務を認めた理由について、「委任契約や準委任契約においては、受任者は委任者の求めに応じて委任事務等の処理の状況を報告すべき義務を負うが（民法645条、656条）、これは、委任者にとって、委任事務等の処理状況を正確に把握するとともに、受任者の事務処理の適切さについて判断するためには、受任者から適宜上記報告を受けることが必要不可欠であるためと解される。このことは預金契約において金融機関が処理すべき事務についても同様であり、預金口座の取引経過は、預金契約に基づく金融機関の事務処理を反映したものであるから、預金者にとって、その開示を受けることが、預金の増減とその原因等について正確に把握するとともに、金融機関の事務処理の適切さについて判断するために必要不可欠であるということができる。」と述べている。

ここで、振込依頼書や払込伝票などを確認することは、金融機関が行う振込や送金処理の適切さについて判断するために必要とも考えられることからすれば、上記判例を敷衍して、金融機関には振込依頼書や払込伝票等の開示義務があると考えることも可能と思われる。一方、振込依頼書や払込伝票などを確認することと、金融機関の事務処理の適切さの判断は異なると解する余地もあり、金融機関には振込依頼書や払込伝票等の開示義務はないとも考えられる。

実際には、振込依頼書や払込伝票等の開示請求に応じる金融機関とそうでない金融機関の両者が存在する。

第1章 相続預貯金の法律知識 141

3 預貯金債権を取得しない相続人による請求

(1) 概 要

特定の相続人に全ての遺産を相続させる旨の遺言がある場合、又は、特定の相続人に預貯金債権を相続させる旨の遺言がある場合、他の相続人は預貯金債権を取得しないことになる。

このような場合、預貯金債権を取得しない相続人は、被相続人の預貯金口座の取引履歴の開示を請求できるのか。

(2) 遺留分減殺請求権

現在、多くの金融機関では、預貯金債権を取得しない相続人からの請求であっても、取引履歴の開示に応じている。

この根拠として考えられるのは、相続人には遺留分減殺請求権があり、遺留分減殺請求権を行使した場合には、預貯金債権の一部が遺留分減殺請求をした相続人に帰属するため、預貯金契約上の地位も遺留分減殺請求をした相続人が取得することになる、というものである。遺留分減殺請求をした相続人が、預貯金契約上の地位を取得することになるため、最高裁平成21年1月22日判決（民集63・1・228）によれば、取引履歴の開示を請求することができる。

(3) 相続法改正

上記の取扱いは、相続法改正により変更される可能性がある。

相続法改正により、「遺留分減殺請求権」は「遺留分侵害額請求権」となり（改正民1046）、遺留分侵害額請求権は、行使しても、遺産の帰属自体には効果は生じず、単に受遺者又は受贈者に対して、遺留分侵害額の金銭の支払を請求できる権利にとどまる。

したがって、遺留分侵害額請求権が行使されても、金融機関に対する預貯金債権の帰属には影響を及ぼさないことから、遺留分権利者が預貯金契約上の地位を取得することもなくなる。

それゆえ、預貯金債権を取得しない相続人は、取引履歴の開示を請

求する根拠がなくなると考えられるのである。

　以上から、相続法改正後は、預貯金債権を取得しない相続人は、金融機関に対して、取引履歴の開示を請求できなくなるとされている文献も存在する（金融取引法研究会編『一問一答　相続法改正と金融実務』（経済法令研究会、2018）232頁）。

　しかしながら、最高裁平成21年1月22日判決（民集63・1・228）の調査官解説によれば、「遺言により特定の共同相続人に預金債権の全部を相続させることとされても、預金契約上の地位まで当然に相続させるものでない以上、他の共同相続人は取引経過開示請求権を行使し得る」とされているところであり（『最高裁判所判例解説　民事篇（平成21年度）（上）』（法曹会、2012）67頁）、預金債権の帰属と預金契約上の地位を別に観念する見解も存在するところである。

　この見解によれば、預貯金債権を取得しない相続人も、預貯金契約上の地位は準共有しており、この地位に基づいて取引履歴の開示請求ができると考えられる。

4　遺言執行者による請求

(1)　概　要

　遺言において、遺言執行者が指定されている場合、遺言執行者が残高証明書や取引履歴の開示を請求する場合があり得る。

　特に残高証明書は、遺言執行者が相続財産の確認をするためにも必要である。また、取引履歴に関しても、遺言執行者が過去の出入金を確認して、遺言者の相続財産を調査するために必要な場合がある。

　遺言執行者が金融機関に対して、残高証明書や取引履歴の開示請求を行った場合、認められるか。

(2)　開示請求の可否

　この点を考える際の前提として、遺言執行者に預貯金の払戻権限が

第1章　相続預貯金の法律知識　　143

あるか否かに関しては、これを否定した裁判例（東京高判平15・4・23金法1681・35）も存在するものの、現在では、多くの金融機関は払戻権限を認め、遺言執行者への払戻しを認めている。

東京高裁平成11年5月18日判決（金判1068・37）も、「遺言執行者は相続人の代理人とみなされるから、遺言執行者から遺言執行として預金の払戻請求があった場合には、銀行は払戻を拒むことができない。」旨述べている。

ただし、払戻請求権があることと開示請求権があることは別問題であり、開示請求権は、相続人が預金契約上の地位を承継したことに基づくものであることからすると（最判平21・1・22民集63・1・228）、遺言執行者には開示請求権はないものと考えられる。

なお、相続法改正前においては、遺言執行者が相続人の代理人である（改正前民1015）という規定があったため、相続人が取引履歴の開示請求を行うことができる以上、その代理人である遺言執行者も取引履歴の開示請求を行うことができるとの解釈も考えられた。しかし、相続法改正により、改正前民法1015条の遺言執行者は相続人の代理人とみなすとの規定は、削除されたため、相続法改正後は、改正前以上に、遺言執行者に開示請求権を認めることは難しいと考えられる。

(3)　遺言執行者の職務との関係

実務上、相続人から遺言執行者に対して、被相続人の過去の取引履歴を調査して、過去に不正な出金等がなかったかどうかを確認してほしいなどと要請されることがありうる。

確かに遺言執行対象となっている財産が「全ての財産」となっていると、被相続人の不正出金者に対する不当利得返還請求権や不法行為に基づく損害賠償請求権が存在する場合には、当該債権も遺産となることから、相続財産の調査の一環として、これを行う必要があるとも言えそうである。

しかしながら、仮に取引履歴で出金の存在が明らかになったとして
も、不正出金者への不当利得返還請求権が成立するかは、相続人間で
意見の対立があることが容易に想定され得るものであり、このような
確定困難な債権に関してまで、遺言執行者がその存否に関して調査す
る義務を負っていることは通常ないと考えられる。

したがって、遺言に別段、過去の出金や不当利得返還請求権に関し
て記載がない場合には、遺言執行者が、取引履歴を調査して、過去の
不正出金等を確認する義務はないと考えられる。

5　預貯金解約後の請求

(1)　概　要

相続人が相続預貯金を解約したり、払い戻したりした後、残高証明
書や取引履歴の開示請求を行う場合があり得る。

残高証明書に関しては、預貯金の解約後、相続税申告のために死亡
時の残高証明書の取得を求める場合もあるであろうし、取引履歴に関
しても、預貯金の解約後、過去の口座の入出金を確認したいと考える
場合もある。

このように、相続預貯金の解約や払戻し後、残高証明書や取引履歴
の開示請求を行う場合、認められるか。

(2)　開示請求の可否

この点に関し、東京高裁平成23年8月3日判決（金法1935・118）は以下
のとおり述べている。

「銀行が預金契約に基づいて預金者に対し、前記1(1)のとおりの取
引経過開示義務を負うのは、預金契約において、銀行が、預金者の寄
託した金銭を保管し、返還するだけでなく、振込入金の受入れ、各種
料金の自動支払、利息の入金、定期預金の自動継続処理等、委任事務
ないし準委任事務の性質を有する各種の事務を処理すべき義務を負っ

第1章　相続預貯金の法律知識　　　145

ており、委任契約や準委任契約において、受任者が委任者の求めに応じて委任事務等の処理の状況を報告すべき義務を負う（民法645条、656条）のと同様に、預金者にとって、預金契約に基づく銀行の事務処理を反映したものである預金口座の取引経過の開示を受けることが、預金の増減とその原因等について正確に把握するとともに、銀行の事務処理の適切さについて判断するために必要不可欠と解されることによる（最高裁判所平成19年（受）第1919号・同平成21年1月22日第一小法廷判決・民集63巻1号228頁）。

　預金契約が解約されれば、銀行は、その後に元預金者のため金銭を保管し前記の各種の事務を行うことはなく、預金の増減とその原因等について正確に把握し、事務処理の適切さを判断する必要性は、確定した解約残高に至る過去の契約期間についてのみ存在するから、その後も元預金者の請求があれば、いつでも事務処理を報告しなければならない必要性があるとは言い難い。委任契約や準委任契約においても、契約終了後は、受任者に、遅滞なくその経過及び結果を報告すべき義務があるにとどまり、委任者が、引き続き、いつでも過去の委任事務の処理の状況の報告を求められるわけではない（民法645条、656条）。預金契約についても、銀行は、預金契約の解約後、元預金者に対し、遅滞なく、従前の取引経過及び解約の結果を報告すべき義務を負うと解することはできるが、その報告を完了した後も、過去の預金契約につき、預金契約締結中と同内容の取引経過開示義務を負い続けると解することはできない。」

　以上からすれば、預貯金解約後は、金融機関には取引履歴の開示義務はないと考えられる。

　ただし、実際には、多くの金融機関において、預貯金解約後の取引履歴の開示に応じていると思われる。

6 弁護士会照会による開示請求

(1) 概　要

取引履歴の開示請求を、弁護士会照会により行うことがあり得る。

特に、金融機関が任意の開示に応じてくれない場合、弁護士会照会を利用することがある。

弁護士会照会により取引履歴の開示請求を行った場合、認められるか。

以下詳述する。

(2) 弁護士会照会への回答義務の存否

弁護士会照会とは、弁護士が依頼を受けた事件について、証拠や資料を収集し、事実を調査するなど、その職務活動を円滑に行うために設けられた法律上の制度（弁護士23の2）である。

弁護士は、「基本的人権を擁護し、社会正義を実現することを使命」（弁護士1）とし、依頼を受けた事件について、依頼者の利益を守る視点から真実を発見し、公正な判断がなされるように職務を行う。このような弁護士の職務の公共性から、情報収集のための手段を設けることとし、その適正な運用を確保するため弁護士会に対し、照会の権限が法律上認められているものである。

弁護士会照会は、法律で定められている制度であるため、原則として回答・報告する義務があり、例外として、照会の必要性・相当性が欠けている場合には回答・報告しなくてもよいものと考えられている。

広島高裁平成12年5月25日判決（判時1726・116）も、銀行に対する預金取引に関する照会に関し、報告義務を認め、「右照会制度の目的に即した必要性と合理性が認められる限り、相手方である銀行はその報告をすべきであ」ると述べている。

(3) 弁護士会照会による取引履歴の開示請求

弁護士会照会により、取引履歴の開示請求を行った場合、実体法上、

相続人に開示請求する権利がある場合には、金融機関もこれに応じる
ことが多いといえる。

　一方、実体法上、相続人に開示請求する権利があるとは言えないよ
うな場合には、弁護士会照会によっても、金融機関は開示には応じな
いことが多いといえる。具体的には、被相続人の特定相続人に対する
不正出金を調査するため、特定相続人の預貯金口座に関する取引履歴
の開示請求を行おうという場合には、特定相続人の預貯金口座につい
ては実体法上の開示請求権がないため、かかる開示は認められないこ
とが多い。

7　裁判所の送付嘱託による開示請求

(1)　概　要

取引履歴の開示請求を、裁判所の送付嘱託により行うことがあり得
る。

　特に、金融機関が任意の開示に応じてくれない場合、裁判所の送付
嘱託を利用することがある。

　裁判所の送付嘱託により取引履歴の開示請求を行った場合、認めら
れるか。

　以下詳述する。

(2)　文書送付嘱託への回答義務

民事訴訟では、裁判の証拠として必要な文書を第三者が所持してい
る場合には、文書の所持者に対して、その文書を裁判所に送付（提出）
するよう求めることができる（民事訴訟法226）。これを文書送付嘱託と
いう。

　裁判所は、訴訟当事者の申立てを受けて、真実発見などのためその
文書を証拠とすることが必要であると判断したものについて、送付嘱
託を行う。したがって、訴訟の争点との関連性の低い文書や、そもそ

も関連性の認められない文書について、たとえ当事者が送付嘱託の申立てを行ったとしても、送付嘱託は認められない。

文書送付嘱託は、正当な理由がない限り、嘱託先は回答義務を負うと解されている。しかしながら、文書を所持する第三者に対し、あくまでも任意の提出を要請する制度であり、強制力はない。

(3) 文書送付嘱託による取引履歴の開示請求

文書送付嘱託により、金融機関に取引履歴の開示請求を行った場合、金融機関もこれに応じることが多いといえる。

ただし、裁判所が文書送付嘱託を採用するかという問題があり、必要性がない場合には、裁判所はこれを認めないことが多い。具体的には、被相続人の特定相続人に対する不正出金を調査するため、特定相続人の預貯金口座に関する取引履歴の送付嘱託を申し立てる場合、当該出金が不正出金であることについて、相応の蓋然性が認められる場合でなければ、採用されないことが多い。

第2章

ケーススタディ

150

第2章　ケーススタディ　　151

【1】　相続開始前に被相続人の多額の預貯金が払い戻されているケース

事　案

① 　被相続人Aは、3年間老人ホームに入所した後、死亡した。

② 　被相続人Aの相続人は、長女Bと長男Cの2人である。

③ 　Aの死亡時の預貯金は100万円しかなかったため、不審に思ったBが預貯金の取引明細を取得したところ、Aが老人ホームに入所していた3年間に、2,000万円の預貯金が払い戻されていることが分かった。

④ 　Bが、Aの預貯金を取り戻すにはどうしたらよいか。

1　被相続人の預貯金の調査

各相続人は単独で、被相続人の預貯金の残高証明書を取得することができる。

さらに、各相続人は単独で、被相続人の預貯金の取引経過の開示を求めることができる（最判平21・1・22判時2034・29）。

被相続人の預貯金の取引経過を何年分遡って開示を求めることができるかについては、特に判例は存しないが、学説では、「各金融機関の定める保存期間で考えればよい、あるいは権利濫用の点からの制限があると考えればよいとする見解があり得るが、開示義務を認めながら銀行が一方的に保存期間を定め得るということは考えにくく、義務として論じる限りにおいては開示請求権の消滅時効期間（商行為により生じた債権、つまり債権者または債務者のいずれかにとって商行為に当たる預金取引によって生じた開示請求権は5年、そうでない場合は

10年）が目安になるのではなかろうか」と述べるものがある（関沢正彦「預金取引経過開示請求についての最高裁判決」金融法務事情1865号14頁（2009））。

　金融機関の保存期間もおおむね10年が多いと考えられるので、預貯金の取引経過の開示対象期間は、おおむね10年と見るべきであろう。

　このように、上記最高裁判決以後は、金融機関は、各相続人の請求に基づき、ほぼ10年間の被相続人の預貯金取引経過を開示しているので、相続人自身が、被相続人の預貯金の取引経過を取得することが、第一歩となる。

2　預貯金の取引経過に基づく使途不明金の推定

　次に、被相続人の預貯金の取引経過から、使途不明金を推定することになる。使途不明金か否かの推定には、以下の点が主な検討項目となる。

　(1)　払戻者の問題

　被相続人の判断能力、病状、生活状況等からみて、被相続人自身がその判断に基づいて払戻しをしたかどうか。

　被相続人の預貯金通帳、印鑑、キャッシュカードの保管状況等からみて、相続人や同居の親族が、払戻しをした可能性が高いかどうか。

　(2)　払戻額の問題

　被相続人の日常の生活費からみて、不相当な額の払戻しがあるか。

　被相続人による通常の払戻額からみて、不相当な額の払戻しがあるか。

3　使途不明金と推定される可能性が高い場合の法的手続

　(1)　遺産分割調停の申立て

　　ア　遺産の範囲について争いがある場合

　遺産分割調停において、遺産の範囲について争いがある場合には、

調停を行うことはできない。

　使途不明金の問題も遺産の範囲の問題であるので、使途不明金の有無、金額に争いがある場合には、調停を行うことはできない。

　しかし、相続人やその親族が使途不明金を払い戻したり、これを取得している可能性がある場合には、まず、遺産分割調停の申立てをなし、調停における相手方の答弁を聞くことも十分考えられる。

　　イ　相手方相続人が使途不明金の払戻しに関与しておらず、その使途も知らないと答弁した場合

　遺産分割調停において、相手方相続人が、使途不明金の払戻しに関与しておらず、その使途も知らないと答弁した場合には、遺産分割調停において、使途不明金問題を前提とすることはできない。

　この場合には、別途不当利得返還請求訴訟ないし不法行為に基づく損害賠償請求訴訟を検討することになる。

　　ウ　相手方相続人が使途不明金を払い戻して所持ないし費消したことを認めた場合

　遺産分割調停において、相手方相続人が、使途不明金を払い戻して所持ないし費消したことを認めた場合には、これを相続人の預り金「現金」として、遺産分割をすることも可能ではある。

　しかし、本ケースの場合のように、使途不明金が多額に及ぶ場合には、相手方相続人の支払能力が問題となる。

　　エ　相手方相続人が使途不明金は相続人から贈与を受けたものであると主張した場合

　遺産分割調停において、相手方相続人が、使途不明金は、被相続人から贈与を受けたものであると主張した場合には、その贈与は特別受益となる可能性が高い。

　この場合には、申立人相続人として、その贈与を認めるかどうかを検討することになる。

贈与を認める場合には、その贈与を特別受益として算定して、遺産分割調停を成立させることが可能となる。

申立人相続人として、被相続人が相手方相続人に贈与したとは考えられない場合には、上記イと同様に、別途訴訟を提起することになる。

　　オ　別途訴訟を提起する場合

別途訴訟を提起する場合に、使途不明金問題は別にして、それ以外の遺産について、遺産分割調停を成立させるかどうかが問題となる。

別途訴訟は終了までかなり時間がかかることから、先に遺産分割調停を成立させて、遺産を取得したいと考える相続人もいる。

しかし、遺産分割調停を先行させる場合には、別途訴訟で相手方相続人に支払が命ぜられた場合に、相手方相続人の支払能力が失われる危険があることを認識しておく必要がある。

(2)　不当利得返還請求訴訟ないし不法行為に基づく損害賠償請求訴訟

相手方相続人が、使途不明金の存在や金額を認めない場合には、使途不明金の返還について、地方裁判所に不当利得返還請求訴訟ないし不法行為に基づく損害賠償請求訴訟を提起することになる。

第2章　ケーススタディ　　155

【2】　相続開始前に払い戻された被相続人の預貯金を取り戻すために提訴するケース

> **事　案**
>
> ①　被相続人Aは、3年間老人ホームに入所した後、死亡した。
> ②　被相続人Aの相続人は、長女Bと長男Cの2人である。
> ③　Aの死亡時の預貯金は100万円しかなかったため、不審に思ったBが預貯金の取引履歴を取得したところ、Aが老人ホームに入所していた3年間に、2,000万円の預貯金が払い戻されていることが分かった。
> ④　Bは、Aの預貯金を取り戻すためには、どのような訴訟を提起すればよいか。

1　不当利得か不法行為か

　相続人が、被相続人の生前に被相続人の預貯金を払い戻している可能性が高い場合には、その相続人（以下「被告」という。）に対し、不当利得返還請求訴訟か不法行為に基づく損害賠償請求訴訟を提起することになる。

　実際の訴訟では、不当利得返還請求又は、不当利得と不法行為との選択的併合訴訟が多いので、以下不当利得返還請求訴訟について述べる。

2　不当利得返還請求の要件事実

　不当利得の要件事実は、一応以下のとおりといわれている。

①　原告が損失を被ったこと

② 被告に利得があること

③ 原告の損失と被告の利得との因果関係があること

④ 被告の利得に法律上の原因がないこと

　このうち④の「被告の利得に法律上の原因がないこと」を請求原因と考えるか、抗弁と考えるかについては、対立がある。

　(1)　請求原因説

　最高裁昭和59年12月21日判決（裁判集民143・503）は、「民法703条の規定に基づき不当利得の返還を請求する者は、利得者が『法律上ノ原因ナクシテ』当該利得をしたとの事実を主張・立証すべき責任を負っているものと解すべきである」と述べて、請求原因説をとっている。

　(2)　抗弁説

　「『他人の財産からの不当利得』または『侵害不当利得』の類型においては、財産の移転を基礎づけるような何らかの法的関係がはじめから欠けており、法秩序の是認する財貨の分配に反する利得が問題であり、財貨の消費や利用によって利益を得た者に対する利得返還請求権が、損失者に与えられるのである。ここでは、財貨移転の事実が請求権を基礎づけるのであり、財貨移転の法律上の原因の欠如は請求原因ではなく、他人の財貨の消費や利用を正当ならしめる法律上の原因の存在が被請求者の証明すべき抗弁事項と解される。」（谷口知平＝甲斐道太郎編『新版注釈民法(18)債権(9)』〔松本博之〕（有斐閣、1991）623頁）

　しかし、実務では請求原因説、抗弁説の区分ではなく、被告が被相続人の預貯金の払戻しを行った場合には、被告に払戻権限の主張立証責任を負わせていることが多いと思われる。

3　実際の主張・立証

　被相続人の預貯金を相続人（被告）が払い戻した場合に、その具体的要件事実は、以下の点が問題となる。

① 被相続人の損失（被相続人の預貯金債権の消滅）

② 相続人（被告）の利得（被告による払戻金の取得）

③ ①と②との因果関係

④ 法律上の原因の不存在（被告に預貯金の払戻権限がないこと）

⑤ 原告が被相続人の不当利得返還請求権を相続により取得したこと

このうち①は、被相続人の預貯金の取引履歴によって立証ができる。③は、①と②が立証できれば、特に別途立証の必要はないであろう。すると重要な要件事実は、②と④となる。

（1）　被告による払戻金の取得

被告が被相続人の預貯金を払い戻した事実については、被相続人が病院や、介護施設に入所しており自分で払い戻す可能性がないこと、被告が被相続人の預貯金通帳、キャッシュカード、印鑑等を管理していたこと等の事情がある場合に、その事実によって立証することになる。

このような事情がない場合で、被告が被相続人の預貯金の払戻しの事実を否定している場合には、預貯金の払戻請求書の筆跡や場合によってはATMの録画画像等によって立証できる場合もあるが、その立証はかなり困難となる。

被告は被相続人の預貯金の払戻しを認めた上で、払戻金を被相続人のために使用したと主張することが多い。

この払戻金の使途について立証程度が問題となる。

この点については、一般に裁判実務は以下のように運用されていると考えられる。

㋐　被相続人が通常使っている生活費（医療費等を含む。）を確定する。

㋑　㋐の通常生活費を超える払戻金の使途については、払戻しをした被告に事実上の立証責任を負わせる。

㋒　被告が㋑の立証ができない場合には、その払戻金は被告が取得

したものと推定する。

(2)　被告に預貯金の払戻権限がないこと

被告に被相続人の預貯金の払戻権限がある場合には、④の要件を欠くことになる。

被相続人から被告への授権行為は、(準) 委任契約となる。この (準) 委任契約の成否については、以下の点が問題となる。

まず、第1に、被相続人に委任契約締結の意思能力があるかどうかが問題となる。

被相続人が認知症等によって意思能力がない場合には、被告への授権は否定される。

第2に、被相続人の包括的ないし個別的授権ないし承諾があったか否かについては、以下の点がポイントとなる。

ⓐ　通帳やキャッシュカードの管理状況

ⓑ　払戻しの金額や頻度

被告が日常的生活費の範囲を超えて、集中的に多額の預貯金を払い戻した場合には、それを被相続人のために使ったとの合理的説明がない限り、授権は否定されるであろう。

(3)　原告が被相続人の被告に対する不当利得返還請求権を相続により取得したこと

被相続人の生前に被告が被相続人の預貯金を無断払戻しした場合には、被相続人が被告に対し不当利得返還請求権を取得し、原告がこれを相続によって承継したことになる。

この場合の原告の相続分は法定相続分又は指定相続分とされており、具体的相続分とは考えられない。

本事案においては、CがAの2,000万円の預貯金を払い戻していた場合には、被相続人AがCに対して有する2,000万円の不当利得返還請求権を、Bが法定相続分である2分の1の1,000万円分相続により取得することになる。

第2章　ケーススタディ　　159

【3】　相続開始後に被相続人の多額の預貯金が払い戻されているケース

事　案

① 　被相続人Ａは、5月1日に死亡した。

② 　被相続人Ａの相続人は、長女Ｂと長男Ｃの2人である。

③ 　Ｂが、Ａの銀行預金の残高証明書を取ったところ、Ａが生前話していた金額より大幅に少なかった。

　Ｂが、銀行の取引履歴を取り寄せてみたところ、Ａ死亡後の5月10日から12日にかけて、Ａの普通預金から合計500万円が払い戻されていることが分かった。

④ 　Ｂは、ＣがＡから預かっていたキャッシュカードを使って、500万円を払い戻したに違いないと思っている。

⑤ 　この500万円を遺産として、法定相続分どおりに分けるにはどうしたらよいか。

1　相続法改正前の遺産分割

　遺産分割の調停・審判実務においては、遺産分割の対象となる財産は、以下の要件を具備していることが必要であると解されている（小田正二ほか「東京家庭裁判所家事第5部における遺産分割事件の運用」判例タイムズ1418号11頁（2015））。

① 　被相続人が相続開始時に所有し

② 　現在（分割時）も存在する

③ 　未分割の

④ 　積極財産であること。

相続開始後に、相続人の一人が払い戻した被相続人の預金は、上記のうち②の「現在（分割時）も存在する」との要件を具備していないため、遺産分割の対象財産にはならないことになる。

しかし、相続開始後に、相続人の一人が払い戻した被相続人の預金であっても、共同相続人全員が遺産分割の対象とすることを合意した場合には、遺産分割の対象財産とすることができる。

本事案の場合には、Ｃが被相続人の預金500万円を払い戻したことを認め、これを遺産分割の対象とすることを合意する可能性もある。

また、Ｃが、預金を払い戻したことを認めた上で、これを葬儀費用、法事費用、立替医療費や生活費等に使用したと主張する場合もある。

したがって、まず、Ｂとしては、Ｃとの協議を通じて、Ｃが払戻しを認めるか、払戻金の使途について説明をするか等を確認する必要がある。

そして、Ｃが払戻しを認めた上で、その使途を説明している場合には、その使途の全部又は一部を認めることで遺産分割を成立させる可能性があるかどうかを検討することになる。

その可能性がある場合には、遺産分割協議ないし調停での遺産分割の成立を試みることになる。

2　相続法改正後の遺産分割

改正民法906条の2は、以下のように定めている。

○民　法

（遺産の分割前に遺産に属する財産が処分された場合の遺産の範囲）

第906条の2　遺産の分割前に遺産に属する財産が処分された場合であっても、共同相続人は、その全員の同意により、当該処分された財産が遺産の分割時に遺産として存在するものとみなすことができる。

2 前項の規定にかかわらず、共同相続人の一人又は数人により同項の財産が処分されたときは、当該共同相続人については、同項の同意を得ることを要しない。

　この改正民法は、相続開始後遺産分割前に処分された財産がある場合に、処分した相続人以外の相続人の不利益を防止するために設けられたものである。

　本事案の場合には、相続人は、BとCの2人であるから、CがAの預金を払い戻した場合には、その払戻預金を遺産とみなすためには、Cの同意が不要で、Bのみの同意で可能となる。

　しかし、改正民法906条の2により、処分財産をみなし遺産とするためには、Cが預金を払い戻したことの要件が必要である。

　Cが払戻しを認めない場合には、遺産分割調停において、払戻預金を遺産とみなして遺産分割をすることができない。

3　相続法改正後のみなし遺産確認訴訟

　本事案において、Cが相続開始後にAの預金を払い戻したことを認めない場合には、BはCに対し、改正民法906条の2に基づき、払戻預金が遺産であることの確認訴訟を提起することが考えられる。

　改正民法906条の2に基づく遺産確認訴訟において、原告であるBが主張・立証すべきは、CがAの預金を払い戻した事実のみであるので、後記の不当利得返還請求や不法行為に基づく損害賠償請求に比して、立証が容易であるといえる。

　したがって、遺産確認訴訟によって、預金をみなし遺産と確定した後に、遺産分割の調停・審判の申立てをすることは、十分に考えられる。

4 不法行為ないし不当利得返還請求訴訟

相続法改正後においても、BがCに対し不当利得ないし不法行為に基づいて500万円の法定相続分に該当する250万円の返還請求訴訟を提起することは可能である。

特に、Cに特別受益がある場合、遺産分割前に、返還請求訴訟を提起して250万円の回収を図ることには、その後の遺産分割を有利に進めるメリットも存在する。

第2章　ケーススタディ　163

【4】　相続開始後に相続人の一人が被相続人の預貯金を払い戻して使ってしまっているケース

> ### 事　案
>
> ①　被相続人Aが死亡した。
>
> ②　被相続人Aの相続人は長女Bと長男Cの2人である。
>
> ③　Bは、Aの生前からA名義のD銀行の普通預金の通帳、銀行印、キャッシュカードを管理し、また、暗証番号を知っていて、D銀行から預金を払い戻してAの日常生活費や医療費等の支払を行っていた。
>
> ④　Aの死亡後に、Bは所持していたAのキャッシュカードを使って、D銀行から100万円を払い戻した。口座には200万円残っており、Aの遺産はD銀行の預金残高200万円だけである。
>
> ⑤　Bが払い戻した100万円全額をAの治療費や葬儀費用の支払に充てていた場合、どのように取り扱われるか。
>
> ⑥　Bが払い戻した100万円全額をB自身の債務の支払に充ててしまっていた場合、どのように取り扱われるか。

1　相続法改正前の取扱い

(1)　遺産分割の対象に含めることに合意できる場合

　相続開始後、遺産分割前に共同相続人の一人により払い戻されて使われてしまった預金については、相続人全員が払戻金を遺産分割の対象に含めることに合意すれば、遺産分割の対象とすることができるとされている。

⑤の場合のように、払い戻された預金が未払治療費等の相続債務の支払に充てられた場合や葬儀費用など広い意味で被相続人に関する支払に充てられた場合、支払をしたことの領収証等がきちんとそろっていれば、遺産分割の対象に含めて清算することが多いといえる。

この場合、払い戻された預金100万円と預金残高200万円とを合わせた300万円を一応の遺産と評価し、遺産から債務等のために100万円を支出したとして、現に残っている200万円をＢＣが100万円ずつ分割取得するというのが通常の処理となる。

⑥の場合のように、払い戻された預金を払い戻した共同相続人が自ら費消してしまった場合も、⑤の場合と同様に相続人全員が遺産分割の対象に含めることに合意すれば遺産分割の対象とすることができる。

この場合、払い戻された預金100万円と預金残高200万円とを合わせた300万円を一応の遺産と評価すると各相続人の法定相続分（2分の1）に応じた額は150万円となるところ、Ｂは100万円を遺産から先に取得しており一部分割を受けたものと同視して、預金残高200万円のうちＢは50万円を、Ｃは150万円を分割取得するというのが通常の処理となる。

（2）　遺産分割の対象に含めることに合意できない場合

支払をしたことの証明ができない場合や葬儀費用は喪主が負担すべきであり共同相続人全員で負担すべきではないといった主張がなされ、払戻金を遺産分割の対象に含めることの合意ができない場合には、遺産分割の対象とすることはできず、預金残高の200万円のみが遺産分割の対象となる。

そのため、ＣはＢに対し、別途不法行為あるいは不当利得訴訟を提起して、Ｂが相続開始後に払い戻した100万円のうち法定相続分（2分の1）の50万円の支払を請求せざるを得なくなる。

第2章　ケーススタディ　　165

　これに対しBは、⑤の場合には、被相続人のために支払をしたこと
等を主張立証し、損害や利得がなく支払義務はないとして争っていく
ことになる。また、⑥の場合には、Bは他に主張する抗弁がなければ
支払義務を負わざるを得ないが、Bに他に支払うべき財産がなければ、
Cは結局のところ遺産から100万円だけしか取得できないという結果
となる。

2　相続法改正後の取扱い

(1)　改正民法906条の2

　【3】でみたとおり、改正民法906条の2が新設されたことにより、相
続開始後遺産分割前に預金が払い戻された場合の取扱いが明確化され
た。

　同条により、払い戻された預金を遺産とみなすことに相続人全員が
合意すれば、払い戻された預金については遺産として取り扱われるこ
ととなり（改正民906の2①）、また、払い戻した者の同意がなくとも他の
相続人が同意すれば遺産としてみなされることとなる（改正民906の2
②）。

　したがって、本事案の⑤及び⑥の場合とも、相続人BCが合意すれ
ば払戻金は遺産とみなされることとなり、その場合の取扱いは相続法
改正前の取扱いと同様、遺産分割で解決が図られることとなる。

　また、もし預金を払い戻したBが払戻金を遺産とみなすことに同意
しない場合には、Cが遺産とみなすことに同意すれば結局は遺産とみ
なされることとなるため、その場合の取扱いも相続法改正前の取扱い
と同様、遺産分割で解決が図られることとなる。

　なお、相続法改正後であっても、当事者があえて改正民法906条の2
の適用を前提とした遺産分割での解決を求めずに、別途不法行為ない
し不当利得訴訟を提起して解決を図ることも可能とされる。

(2)　代償財産をみなし遺産とすることの可否

改正民法906条の2によりみなし遺産の対象となるのは、処分財産に限られる。

例えば、被相続人Aの死亡後に、Bが100万円の絵画を購入するための代金をAの預金から振込送金したという場合、当該絵画はBの処分行為により得られた財産（代償財産）といえるが、代償財産はみなし遺産にはならない。したがって、共同相続人全員が改正民法906条の2により同意したとしても、あくまでも振込送金された預金100万円がみなし遺産となり、代償財産である当該絵画が遺産分割の対象になるということにはならない。

代償財産がみなし遺産にならないという扱いは、もし当該絵画の価値が実際には50万円程度しかなかったという場合、代償財産をみなし遺産とすると他の共同相続人が損失を被ることになるからである。

第2章　ケーススタディ　　167

【5】　相続財産と相続税の関係で名義預金が問題となるケース

┌─ 事　案 ─────────────────────────────┐

①　被相続人Ａ（平成21年12月死亡）の相続人は、Ａの妻Ｂ、ＡＢ間の子Ｃ、Ｃの妻でＡＢ間の養子であるＤの3人である。なお、ＣＤ間にはＥとＦの2人の子（ＡＢにとっては孫）がいる。

②　相続開始時に、Ａ名義の預金のほかに、Ｂ・Ｃ・Ｄ・Ｅ・Ｆ名義の預金残高が比較的多額に上っていた。

③　Ｂ・Ｃ・Ｄは、Ｂ・Ｃ・Ｄ・Ｅ・Ｆの名義の預金はそれぞれの名義人の預金であって、Ａの相続財産ではないとして、被相続人Ａの相続税申告を行った。

④　しかし、課税庁は、Ａの妻Ｂが平成17年に入院するまで、Ｂが、Ａ名義の預金のほかＢ・Ｃ・Ｄ・Ｅ・Ｆの名義の預金も管理をしており、Ｂ・Ｃ・Ｄ・Ｅ・Ｆにはそれほどの収入はなかったケースとして、Ｂ・Ｃ・Ｄ・Ｅ・Ｆ名義の預金はＡのいわゆる名義預金であってＡの相続財産に当たるとして、相続税の更正処分を行った。

⑤　Ｂ・Ｃ・Ｄとして、課税庁の更正処分を争うとした場合、どのような手続・方法があるのか。そしてその際は、どのような事柄を主張・立証していったらよいか。

└────────────────────────────────────┘

1　相続税申告・更正処分・その後の不服申立手続等の流れ

　納税者において相続税申告がなされた後、課税庁（税務署長等）が

その相続税申告による相続税額に不足があると判断した場合には、更正処分を行うこととなる。その更正処分に不服があるとした場合の手続・方法についての流れ等は、おおむね次の図のとおりである。

　手続としては、納税者において、課税庁（税務署長等）に対して、再調査請求の申立てをすることができ、課税庁は再調査をした上で決定をすることとなる。納税者がこの決定についても不服であれば、審査請求の申立てを国税不服審判所長に対して行うことができる。なお、納税者は、更正処分に不服がある場合、上記の再調査請求の申立てをすることなく、直接に国税不服審判所長に対し審査請求の申立てをすることもできる。

　国税不服審判所長は、これらの審査請求の申立てを受けて、審理を行い、裁決をすることとなる。さらに、国税不服審判所長による裁決に対し、不服があるときは、納税者は、裁判所に、裁決取消等を求める訴訟を提起することができる。裁判所は訴訟について審理し、判決を行うこととなる。

第2章 ケーススタディ

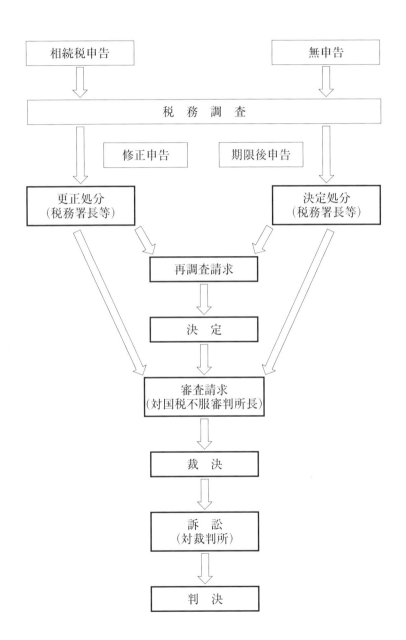

2 名義預金の判断基準

当該預金が被相続人の所有する名義預金であって、相続財産に含まれるものであるのか、あるいは、名義人の所有する固有の預金であるかについての判断基準としては、東京地裁平成20年10月17日判決（税資258・195（順号11053））において示されている5項目（①原資の出捐者、②当該財産の管理及び運用の状況、③当該財産から生ずる利益の帰属者、④被相続人と当該財産の名義人並びに、当該財産の管理及び運用をする者との関係、⑤被相続人と当該財産の名義人がその名義を有することになった経緯等）を総合考慮するのが妥当であると考えられている。

3 納税者としての主張・立証

納税者が納税者固有の預金であると主張し、課税庁が（納税者が名義人となっている預金であっても）実質的に被相続人が所有していた相続財産たる被相続人の名義預金であると主張していて、双方の見解が対立している場合において、納税者として主張・立証すべき事項は、上記2の5項目に関する事柄となる。

すなわち、まず、

① 原資は誰が支出したのか。被相続人が資金を拠出したのか、名義人となっている納税者が資金を拠出したのか。納税者が資金を拠出したとするのなら、納税者の拠出原資は、給与、退職金、売買代金等がどの程度あったのか。ＣＤ夫婦の子（被相続人の孫）であるＥＦ名義の預金の原資は、誰が拠出したのか。被相続人からの贈与があったのか、ＣＤ夫婦からの贈与であるのか。ＣＤ夫婦の収入状況はどうであったか。

等について詳しく主張・立証する必要がある。

また、

② 預金の管理者は誰であったか。その管理者に変更があったか。

（変更があったとした場合）変更は、いつどのような事情があった
か。
についても主張・立証すべきである。

さらに①、②に関連して、

③　利益の帰属者

④　管理運用者との関係

⑤　名義人が名義を有することになった経緯

等についても、主張立証していくべきである。

4　参考となる裁決事例

本件ケースと近似する裁決事例として、国税不服審判所平成25年12
月10日裁決（裁事93・299）がある。

その裁決では、ＢＣＤら名義の預金についても、被相続人Ａの名義
預金であって相続財産となるとした課税処分庁の更正処分について、
これを不服とする納税者からの審査請求の申立てを認容して、当該預
金は被相続人Ａの相続財産と認めることはできないとして、課税処分
庁の更正処分を取り消したものである。

その裁決の理由とするところは、

「本件預貯金等の出捐者についてみると、原処分庁は平成16年まで
遡って金融機関を調査し、当審判所もそれに基づいて調査を行ったが、
当審判所は、個々の預貯金等の出捐者が誰であるのかを認定すること
はできなかった。」「本件預貯金等の管理・運用の状況についてみると、
平成17年に（被相続人Ａの妻）Ｂが入院した後は、請求人夫婦（ＣＤ）
がその管理・運用を行っていたと認められるところ、それ以前の状況
については、本件被相続人Ａ名義の預貯金及びＢ印を届出印とするＢ
名義の預貯金は、Ｂが管理・運用し、一方本件家族名義預貯金等は被
相続人Ａ印及びＢ印以外の印鑑を使って請求人夫婦（ＣＤ）及び孫ら

（ＥＦ）が管理・運用していたものと認められる。」
とするものであった。

5　審判所判断

　審判所は、預金の原資について、関係証拠からは認定不可能であったとしている。預金の原資の認定が不可能であった場合には、少なくとも被相続人が預金原資の出捐者であったとはいえないので、被相続人の名義預金と認定することはできないと解しているものと考えられる。納税者に対して不利益な処分である更正処分を行うための課税要件事実の主張責任は課税処分庁側にあるとするもので、妥当である。

　また、国税不服審判所は、預金の管理状況をみても、被相続人Ａの妻Ｂが、入院したとされる平成17年以前においても、ＢＣＤＥＦら名義の預金は、ＢＣＤＥＦらが自ら（ＡＢ以外の印鑑を用いて）管理をしていたと認定しているのであって、被相続人Ａが当該預金を管理していたともいえないので、この点も当該預金は、被相続人が所有する名義預金とはいえないことの重要な判断項目となるものである。

　したがって、上記国税不服審判所が被相続人の名義預金とは認めずに、課税処分庁による更正処分を取り消した判断は妥当なものと考えられる。

第2章　ケーススタディ　　173

【6】　遺産分割の際に名義預金が問題となるケース

> ### 事　案
>
> ①　被相続人Ａの相続開始時点において、相続人たる長男Ｂ名
> 　義の定期預金が存在していた。
> ②　相続人Ｂは、定期預金はＢ固有の資金で出捐したもので、
> 　Ｂの固有財産であり、Ａの相続財産ではないと主張した。
> ③　他の相続人である長女Ｃ及び次男Ｄは、Ｂ名義の定期預金
> 　は被相続人Ａが出捐したもので、Ａの相続財産であるので、
> 　遺産分割の対象となると主張した。解決するには、どのよう
> 　な方法があるか。

1　事前調査

　名義預金の遺産帰属について争いがあるかどうかについて事前調査
する必要がある。

　すなわち、

①　当該預金の原資を出捐したのは誰か、どういう資金から拠出した
　のか、被相続人の他の預貯金通帳の引き下ろし、それらからの移動
　の状況等

②　被相続人管理の財産かどうか、金庫、貸金庫等の状況

③　利息の受取状況

④　被相続人、名義人、管理運用者との関係

⑤　名義人となった経緯

等について、関係者からの事情聴取、証拠となり得る帳票等の入手が
必須の事項となる。

さらに、①〜⑤に関連して、

⑥ 原資贈与の有無、預金贈与契約締結の有無、その時期、贈与税申告の有無

について、必要に応じ調査すべきである。

2 遺産分割調停での解決

被相続人の遺産に関わる遺産分割調停において、当該預金が被相続人の遺産かどうかについて相続人間で合意することができるかどうかが、まず争点になる。

遺産であるということなら、それを相続人のうち誰が取得するかを定めたり、あるいは、相続人ら間で一定の割合で分け合うことを合意することもできることとなる。

さらには、当該預金は、被相続人Aから相続人Bが既に贈与を受けており、現在、相続人Bの預金であって、被相続人Aの相続財産として遺産分割の直接の対象とはならないが、被相続人Aから相続人Bが受けた特別受益として扱い、遺産分割の中で相続人Bの遺産分配取得分から相応する分を減らすこととする旨の合意がなされることもあり得るであろう。

又、当該預金は、相続人Bの固有財産であることについて、他の相続人らの了解が得られれば、完全に被相続人Aの遺産分割からは除外されて、単純に相続人Bの固有財産として扱われることとすることもあり得る。

3 遺産確認訴訟

もし、当該預金が被相続人の遺産であるかどうかについて、相続人ら間で何らかの合意が得られなかったときは、最終的には遺産確認訴訟で決着をつけることとなる。

第2章　ケーススタディ　　175

　遺産確認訴訟となる場合には、遺産分割調停を進めるわけにはいか
ないので、遺産分割調停は一旦取下げないし不成立として終了させて、
遺産確認訴訟の結果を受けて、その後にまた、遺産分割調停なり遺産
分割審判なりの手続へと進むこととなる。

　遺産確認訴訟には、積極的に、特定の財産が被相続人の遺産である
ことを確認する訴訟と、消極的に、特定の財産が被相続人の遺産では
ないことを確認する訴訟の二つの類型がある。その類型の差異は、当
該訴訟を提起する原告が遺産であることを主張する側の相続人である
か、あるいは、遺産ではないことを主張する側の相続人であるかの違
いによる。判決の効力は、基本的には変わらないといえる。

　なお、上記の二類型のいずれの訴訟においても、特定の財産が相続
財産に属することの立証責任は、特定の財産が相続財産に属すると主
張する側にあると考えられる。

　そして、当該財産が被相続人の遺産であることを主張する側の者は、
当該財産が被相続人の所有に属したことを主張・立証する必要がある
（岡口基一『要件事実マニュアル第2版下巻』（ぎょうせい、2007）291頁）。積極
的遺産確認訴訟では、当該財産が被相続人の所有に属したことを、原
告において請求原因事実として立証することになるし、消極的遺産確
認訴訟では、当該財産が被相続人の所有に属したことを、被告におい
て抗弁事実として主張することになる。したがって、当該財産が預貯
金である場合には、通常は、預貯金の資金の出捐状況、その後の管理
状況等について主張・立証していくことになると考えられる。

4　判決後の手続

　遺産確認訴訟で、当該財産が相続財産であるのか、そうでないのか
が確認されることとなる。その判決が確定すれば、相続財産であるか
どうかについて決着がつくことになる。

相続財産であること、あるいは、相続財産ではないことのいずれかで決着がつけば、それを前提として、相続人ら間で遺産分割協議を成立させるなり、遺産分割協議や調停を行い、それでも協議や調停が不成立なら、遺産分割審判をしてもらうこととなる。

5 参考判例

平成28年最高裁大法廷決定により預貯金について遺産分割の対象となる旨の判例変更がなされたが、それ以前では、預貯金のうち郵便局定額貯金についてのみ、遺産確認訴訟の対象となる確認の利益があるとされていた（最判平22・10・8民集64・7・1719）。

しかし、平成28年最高裁大法廷決定により、被相続人の所有していた預貯金債権に関しては、遺産分割の対象となることが明確にされたものであって、その預貯金の帰属につき、被相続人の所有していたいわゆる名義預金なのか、名義人たる相続人あるいは第三者の預貯金なのかにつき争いがある場合には、遺産分割の前提として、遺産確認訴訟の訴えの利益が十分にあるものとなったものである。そして、その遺産確認訴訟において、名義預金か否かについて決着をつけた上で、その後の遺産分割の手続を進めていくべきである。

○**最高裁平成22年10月8日判決**（民集64・7・1719）

＜事案の概要＞

Aの相続人であるXらが、同じくAの相続人であるYらに対して、A名義の定額郵便貯金債権がAの遺産に属することの確認を求める訴えを提起した。

一審は、定額郵便貯金債権も、貯金債権として当然に分割承継される可分債権であるとして、Xらの請求は、過去の法律関係の確認を求めるものであるが、本件紛争の経緯に照らせば、Xらの訴えには確認の利益があると判断した。

第2章　ケーススタディ　　177

　Yらはこれを不服として控訴を申し立てたところ、控訴審は、可分債権については、特段の事情のない限り遺産分割前の共有関係にあるところの確認、すなわち、遺産確認の訴えの利益はないものであるが、定額郵便貯金については、措置期間経過までは、相続人の一人がする法定相続分に応じた払戻請求は許されないので、措置期間経過となるまでの間は、遺産分割の対象となるべきであって、可分債権の例外として、遺産確認の訴えの利益があると判断した。

　これに対して、Yらは、不服として上告を申し立てた。

＜判　旨＞

【判決理由＝法廷意見】

　共同相続人間において、定額郵便貯金債権が現に被相続人の遺産に属することの確認を求める訴えについては、その帰属についての争いがある限り、確認の利益があるというべきである。

【千葉勝美裁判官補足意見】

　定額郵便貯金債権は、法令上、預入の日から起算して10年が経過するまでは分割払戻しができないという条件が付された結果、分割債権としての基本的な属性を欠くに至ったというべきである。定額郵便貯金債権は、分割債権として扱うことはできず、民法427条を適用する余地はない。そうすると、預金者が死亡した場合、共同相続人は定額郵便貯金債権を準共有する（それぞれ相続分に応じた持分を有する）ということになり、同債権は、共同相続人の全員の合意がなくとも、未だ分割されていないものとして遺産分割の対象となると考えるべきである。

＜解　説＞

　定額郵便貯金債権について、遺産の帰属について争いがある遺産確認の訴えの利益があることを認めた重要な最高裁の判決である。

　その理由・根拠は、千葉勝美裁判官の補足意見で明確に述べられているものである。

　そして、この最高裁平成22年10月8日判決（民集64・7・1719）は、後の平成28年最高裁大法廷決定（預貯金全般について遺産分割の対象となることを認めた重要決定）についての先駆的意義を持つものといえる。

178　　　　第2章　ケーススタディ

【7】　被相続人に後見が開始されているケース

事　案

① 被相続人の生前、成年後見開始の審判がなされ、親族が後見人に就任していた。

② 被相続人が死亡した場合、親族後見人ではない相続人は、後見人からどのように遺産の引継ぎを受けることができるか。

③ 生前、親族後見人が被相続人の財産から横領していたと疑われる場合、どのような方法を採ることができるか。

1　後見人からの遺産の引継ぎ

　被後見人が死亡した場合、成年後見は当然に終了する。そして、後見人は、任務終了から原則として2か月以内に管理の計算を行う必要がある（民870）。ここで、管理の計算とは、後見事務の執行に関して生じた一切の収入及び支出を明確にし、財産の現在額を計算することをいう。

　また、後見人は、相続人に対して、被後見人の財産を引き継ぐ必要があるが、この引継ぎは、原則として、いずれかの相続人に財産を引き継げばよいと考えられている（片岡武ほか『家庭裁判所における成年後見・財産管理の実務』（日本加除出版、第2版、2014）119頁）。したがって、親族後見人が被相続人の相続人である場合には、被相続人の死後も当該親族後見人がそのまま被相続人の財産を引き継ぐことになり、他の相続人は引継ぎを請求することが難しい。

　なお、被後見人に相続人がいない場合には、相続財産管理人（民

918②）が選任され、当該相続財産管理人が被相続人の財産を引き継ぐこともある。

2 親族後見人に対する責任追及

（1） 調 査

親族後見人が被相続人の財産を適切に管理していなかったのではないかという疑いを持った場合、調査方法としては以下の方法が考えられる。

　ア　家庭裁判所提出記録の開示申請

親族後見人は、家庭裁判所に対し、財産目録や事務報告書等を定期的に提出する。他の相続人が、被相続人の生前に、当該財産目録や事務報告書等を家庭裁判所に開示申請をしても、認められないことが多い。

　一方、被相続人の死後に遺産分割のために財産目録や事務報告書等の開示申請をした場合には、かかる開示申請が認められる場合もある。

　イ　金融機関への取引履歴開示請求

成年後見人が就任していないケースでは、被相続人の死後、相続人が被相続人名義の預貯金口座の取引履歴の開示を請求することが可能である。

　一方、成年後見人が就任しているケースでも、相続人が被相続人名義の預貯金口座の取引履歴の開示を請求することは可能であるが、成年後見人就任以降の預貯金の管理は、通常、被相続人名義の預貯金口座では行われず、成年後見人名義の預貯金口座で行われる。

　そして、成年後見人名義の預貯金口座に関し、相続人が金融機関に対して預貯金口座の取引履歴の開示を請求することはできないと考えられる。

したがって、親族が成年後見人に就任している場合には、就任していない場合に比べて、親族が財産管理を適切に行っているかを調査するに当たって固有の難しさがあるといえる。

ウ　送付嘱託

後述する後見人に対する損害賠償請求において、後見人、家庭裁判所、金融機関等が所持している書類に関し、送付嘱託を申し立てることが考えられる。

エ　文書提出命令

後述する後見人に対する損害賠償請求において、後見人が所持している書類に関し、文書提出命令を申し立てることが考えられる。

(2)　遺産分割調停

親族後見人の財産管理が不適切である場合にも、遺産分割調停の中で解決することも考えられる。

具体的には、親族後見人が被相続人の財産から一部持ち出しをしていることを認めているような場合には、当該持ち出した金員を特別受益などに準じて考慮した上で、遺産分割調停を成立させることが考えられる。

上記の方法は、親族後見人が持ち出しを認めている場合にのみ可能であり、親族後見人が持ち出し等を否定している場合には、遺産分割調停や審判等ではこれを取り上げることはできず、後記の損害賠償請求の方法によるしかない。

(3)　損害賠償請求訴訟

親族後見人の財産管理が不適切である場合に、他の相続人が親族後見人に対して、損害賠償請求訴訟を提起することが考えられる。

損害賠償請求の原因としては、①善管注意義務違反、②不当利得、③不法行為が考えられる。

親族後見人に対する贈与は、後見開始前から定期的に贈与していた

などの事情がない限り、不当な支出と考えられる。

　また、仮に当該支出が親族後見人の利益を目的とした場合ではなくても、支出が多額過ぎたり、被相続人にとって不必要な支出の場合には、善管注意義務違反として損害賠償請求することもあり得るものと思われる。

3　国家賠償請求訴訟の可否

　親族後見人が横領などしていた場合に、相続人は、後見人を監督する立場である裁判官（国）に対して国家賠償請求をすることができるか。

　この点に関し、東京高裁平成29年4月27日判決（訟月63・11・2339）及び大阪高裁平成30年9月20日判決（平30（ネ）329・平30（ネ）1160）は、後見事務の監督においても、裁判官が違法若しくは不当な目的をもって権限を行使し、又は裁判官の権限の行使の方法が甚だしく不当であるなど、裁判官がその付与された権限の趣旨に明らかに背いてこれを行使し、又は行使しなかったものと認め得るような特別の事情があることを必要とする、と、違法性を極めて厳格に解釈した。

　したがって、相続人が国家賠償請求を行うのは、多くの場合において難しいと考えられる。

4　参考判例

　以下、参考になる判例を掲げる。

①　東京地裁平成11年1月25日判決（判時1701・85）

　　亡Aの相続人である原告が、禁治産者Aの後見人であった被告に対し、Aの所有する土地を売却した行為と、A名義でマンション新築工事契約を締結した上、それを解約して違約金を支払った行為は、それぞれ後見人の善管注意義務に違反するものであるとして、不法

行為又は債務不履行に基づき損害賠償を求めた事案である。

被告は、低廉な価格であることを認識しながら、鑑定評価額を27.7％も下回る低廉な価格で本件各土地を売却したとして、禁治産者Aに対して負っている善管注意義務に違反し、不法行為責任を負うということができるとされた。

② 松江地裁平成29年1月16日判決（賃社1707・30）

成年被後見人の原告が、成年後見人の被告に対し、被告の成年後見人としての職務に善管注意義務（民869・644）の違反があり、これにより原告が損害を被ったとして、債務不履行ないし不法行為に基づき、損害2,630万9,450円及び遅延損害金の支払を求めた事案である。

原告は、胃ろうを造設した以降は通常食の提供はされなくなったところ、被告は、その頃、その事実を認識したにもかかわらず、施設や運営会社に対して食費に関する問合せをすることもなく放置し、本件食事契約を解除することなく、原告をして必要のない食費を負担させ続けたのであるから、かかる被告の行為は成年後見人としての善管注意義務に違反するものであることは明らかというべきとされた。

③ 東京高裁平成29年4月27日判決（訟月63・11・2339）

控訴人の母亡Aの成年後見人に選任された司法書士Bが、亡Aの生前死後を通じて、成年後見人として預かり保管中の亡Aの預金等から6,749万4,604円の金員を払い戻して着服する横領行為（本件横領）をしたところ、控訴人が、被控訴人に対し、東京家庭裁判所立川支部の担当裁判官において、司法書士Bを亡Aの成年後見人に選任するに当たり、成年後見人としての適格性を十分に調査すべきであったのにこれを怠り、その選任後も、司法書士Bの横領行為を疑うべき事情があったのにこれを看過して適切な監督を怠ったと主張

して、国家賠償法1条1項に基づき、本件横領による損害額6,620万8,326円及び弁護士費用相当額662万832円の合計額7,282万9,158円並びに遅延損害金の支払を求めた事案である。

裁判官による成年後見人の後見事務の監督につき職務上の義務違反があるとして国家賠償法上の損害賠償責任が肯認されるためには、裁判官がその付与された権限の趣旨に明らかに背いてこれを行使し、又は行使しなかったものと認め得るような特別の事情があることを必要とすると解するのが相当であるとされた。

④　大阪高裁平成30年9月20日判決（平30（ネ）329・平30（ネ）1160）

被控訴人が、被控訴人の妹であるEが禁治産宣告を受け、Eの父の妻であるFが後見人に選任されたところ、家事審判官、家庭裁判所調査官及び裁判所書記官がFに対する後見監督事務を怠ったため、FがEの財産から不当な支出をしてEが損害を受け、この損害に対するEの国家賠償請求権を被控訴人が相続により取得したと主張して、控訴人に対し、損害金の内金4,400万円及び遅延損害金の支払を求めた事案である。

家事審判官による後見人の後見事務の監督につき職務上の義務違反があり国家賠償法1条1項の規定にいう違法な行為があったものとして国の損害賠償責任が肯定されるためには、争訟の裁判を行う場合と同様に、家事審判官がその付与された権限の趣旨に明らかに背いてこれを行使し又は行使しなかったと認め得るような特別の事情があることを必要とすると解するのが相当であるとされた。

【8】　預貯金債権を承継させる遺言（特定財産承継遺言）のあるケース

> **事　案**
>
> ①　被相続人Aには、相続人である子B、子C及び子Dがいた。
> ②　被相続人Aは、その所有する預金2,000万円の全部を子B
> に相続させる旨の遺言をして、その後に死亡した。
> ③　その遺言には、遺言執行者の定めがなかった。子Bは、ど
> のように通知を行えば、銀行及び第三者に対抗できるのか。

1　改正民法適用前である場合

　本件は、特定の預金債権について、遺産分割方法の指定の遺言により相続人たる子Bに相続・承継された事案である。

　特定債権の遺贈の場合には、指名債権の譲渡と同様に債務者たる銀行への対抗要件（通知又は承認）が必要となる。この場合の通知は、遺贈義務者である相続人ら全員又は（遺言執行者の定めがあるときは）遺言執行者から通知がなされることが必要である。

　しかし、本事案のように、預金債権の遺贈ではなく、特定の財産（本件では預金債権）を承継させる遺言（特定財産承継遺言）の場合には、債務者たる銀行への対抗要件（通知又は承認）は不要として、相続の効力が生じているものと解されている。ちなみに、不動産についての事案であるが、「相続させる」旨の遺言がされた場合に、これは遺産分割方法の指定に当たり、当該遺言による不動産の権利取得については、登記なくしてその権利を第三者に対抗できるとされている（最判平14・6・10家月55・1・77）。したがって、子Bは、銀行への対抗要件（通知又

第2章 ケーススタディ　　185

は承認）を具備しなくても、公正証書遺言、又は、検認済の遺言を銀行に提示して、その払戻しを請求することが可能であると解される。

2 改正民法適用後である場合

　改正民法では、相続による権利の承継について対抗要件主義を採用することとなった。すなわち、対第三者の関係においては、改正民法899条の2第1項により法定相続分を超える権利の承継をした共同相続人は、第三者対抗要件を備える必要があるとされた。そして、相続により承継される権利が債権であるときは、当該債権を承継した共同相続人は、債権に関する遺言の内容（遺産の分割により当該債権を承継した場合にあっては、当該債権にかかる遺産分割の内容）を明らかにして、債務者に通知をした場合には、共同相続人の全員が債務者に通知をしたものとみなすとされたものである（改正民899の2②）。

　なお、当然のことながら、その通知は、相続人ら全員から通知を発することもできるし、あるいは、遺言執行者から通知を発することも可能である（改正民1014②）。

　むしろ、この改正民法の特徴は、共同相続人全員からではなく、当該債権を承継した共同相続人（いわゆる受益相続人）のみが債務者に通知した場合にも、共同相続人全員が債務者に通知したとみなして、有効な対抗要件を具備した扱いとすることができるとの特例を認めた点にある。

　また、対抗要件を具備させるための通知は、確定日付のある証書によってしなければ債務者以外の第三者に対抗することはできない（民467②）とされるので、第三者との対抗関係が起こり得るような場合には、内容証明郵便や配達証明郵便によって通知するのが妥当である。

　さらには、債務者に対する通知には、「債権に関する遺言の内容（遺産の分割により当該債権を承継した場合にあっては、当該債権にかか

る遺産分割の内容）を明らかにして」通知することが必要とされている。これは、遺言書及び遺産分割協議書等あるいはそれらの写し自体を通知に添付することまでは要求されていないが、それらの内容をできる限り明らかにして通知することが必要である。なお、債務者たる銀行から、預金債権を承継した相続人に対して、確認のために遺言書及び遺産分割協議書等の原本の提示、写しの徴求等の要請がなされた場合には、預金債権を承継した相続人としては、その要請に応じて誠実に対応すべきであると考えられる。

最後に、遺産である預金債権を特定財産承継遺言により相続取得した、いわゆる受益相続人から銀行に対する通知の書式例を示すと次のとおりである。

3 書式例

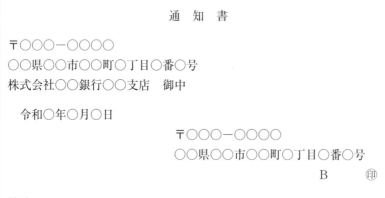

通　知　書

〒○○○－○○○○
○○県○○市○○町○丁目○番○号
株式会社○○銀行○○支店　御中

　令和○年○月○日

　　　　　　　　　　〒○○○－○○○○
　　　　　　　　　　○○県○○市○○町○丁目○番○号
　　　　　　　　　　　　　　　　　B　　　㊞

前略
1　私の父である故A（本籍○○県○○市○○町○丁目○番○号、住所○○県○○市○○町○丁目○番○号、生年月日昭和○年○月○日）は、貴行に対し下記預金債権を有しておりますところ、令和○年○月○日死亡いたしました。

記

株式会社○○銀行○○支店

普通預金（口座番号○○○○○○）

及び

定期預金（口座番号○○○○○○）

2　故Aは、平成○年○月○日付公正証書遺言（○○法務局公証人○○作成平成○年第○○○号）を作成しており、同遺言に基づき、相続人である私が、上記預金債権の全部を相続により承継取得いたしました。

3　上記預金債権につきまして、私において解約・払戻手続を行う所存ですので、宜しくお願いいたします。

4　上記、取り急ぎ、民法第899条の2第2項に基づきご通知に及びます。

草々

【9】 相続財産に預貯金があり財産目録を添付するケース

┌─ 事　案 ─────────────────────────────┐

① 相続法改正では、自筆証書遺言の作成に当たり、相続財産の「目録」（財産目録）を「添付」する場合には、自筆によらない方法が認められたが、相続財産の中に預貯金が含まれる場合については、どのようにしたらよいか。

② 通帳自体のコピーを添付してもよいか。

└────────────────────────────────────┘

1　改正民法968条の定め

改正民法968条は次のとおり定めている。

┌─────────────────────────────────┐

○民　法

（自筆証書遺言）

第968条　自筆証書によって遺言をするには、遺言者が、その全文、日付及び氏名を自書し、これに印を押さなければならない。

2　前項の規定にかかわらず、自筆証書にこれと一体のものとして相続財産（第997条第1項に規定する場合における同項に規定する権利を含む。）の全部又は一部の目録を添付する場合には、その目録については、自書することを要しない。この場合において、遺言者は、その目録の毎葉（自書によらない記載がその両面にある場合にあっては、その両面）に署名し、印を押さなければならない。

3　自筆証書（前項の目録を含む。）中の加除その他の変更は、遺言者が、その場所を指示し、これを変更した旨を付記して特にこれに署名し、かつ、その変更の場所に印を押さなければ、その効力を生じない。

└─────────────────────────────────┘

第2章　ケーススタディ　　189

　なお、上記改正民法968条3項の規定は、秘密証書遺言や特別の方式
による遺言についても準用されている（改正民970・982）。

　上記改正民法968条2項により、パソコンを利用して、相続財産目録
を作成したり、自筆でなく第三者に代筆してもらって相続財産目録を
作成することも可能となった。また、預貯金通帳の写し自体を添付す
ることも可能である（法制審議会民法（相続関係）部会第24回会議部会資料24
－2　21頁）。

　相続財産が預貯金ではなく不動産の場合には、不動産の登記事項証
明書の写しを添付することでもよいとされている。

　なお、目録の改ざん、差替え等がなされることを防止するために、
「遺言者自身が目録の毎葉（自筆によらない記載が両面にある場合に
あっては、その両面）に署名し、印を押さなければならない」と定め
られた。

2　書式例

遺　言　書

　私は次のとおり遺言する。

1　別紙目録［1］の預金を含む私の所有する一切の金融資産は妻Bに相
　続させる。
2　別紙目録［2］の不動産を含む一切の不動産は、長男Cに相続させる。

令和○年○月○日

A　　㊞

3 施行日

　上記改正民法968条による自筆証書の方式緩和については、平成31年1月13日から施行された（平30法72改正民附則1二）。施行日前に作成された自筆証書遺言については、相続開始が施行日後であっても、旧法が適用されることとなっているので注意を要する（平30法72改正民附則6）。

第2章　ケーススタディ　　191

　なお、改正民法に基づく配偶者居住権及び配偶者短期居住権については、令和2年4月1日から施行される（平30法72改正民附則1四）。（自筆証書の方式緩和、並びに、配偶者居住権・配偶者短期居住権以外の）その他の改正は、令和元年7月1日から施行された（平30法72改正民附則1本文）。そして、自筆証書遺言の法務局保管については、令和2年7月10日から開始される。

192 第2章 ケーススタディ

【10】 預貯金を特定の相続人に相続させる旨の遺言が他の相続人の遺留分を侵害しているケース

事　案

① 被相続人の相続人は、長男Aと長女Bの2名である。

② 被相続人の遺産としては、被相続人が経営していた会社の株式（価格5,000万円相当）と預金3,000万円がある。

③ 被相続人は、公正証書遺言を作成しており、その遺言書には、㋐被相続人の遺産は全て、Aに相続させること、㋑Bが遺留分を行使する場合は、預金からまず行使することとの記載がある。

④ Bはどのように遺留分を請求することができるか。

---

1 遺留分減殺請求・遺留分侵害額請求の意思表示

　被相続人は、全財産をAに相続させると遺言しており、Bに対する相続分の指定や遺産分割方法の指定は全くなされていない。したがって、上記遺言は、Bの遺留分（遺産の4分の1）（改正前民1028、改正民1042）を侵害しているものといえる。

　よって、Bは、遺留分権利者として、Aに対し遺留分の減殺を請求することができる（改正前民1031）。改正民法1046条は、遺留分権利者は受遺者（特定財産承継遺言により財産を承継し、又は相続分の指定を受けた相続人を含む。）又は受贈者に対し遺留分侵害額に相当する金銭の支払を請求することができるとされている。

　上記の遺留分減殺請求の意思表示、ないし遺留分侵害額請求の意思表示は、請求したことを明確に示すため、通常、遺留分権利者から相

手方となる受遺者等に対する内容証明郵便による通知等でなされることが多い。もちろん、調停申立てや訴訟提起等によって請求を行うことも可能である。

2 遺留分減殺調停・遺留分侵害額調停

遺留分減殺請求ないし遺留分侵害額請求について、当事者間の協議にて解決することができないときは家事調停の申立てをすることができる。

この調停申立ては、一般調停事件（家事244）に当たるとされている。この申立ては、調停前置主義（家事257①）が適用される。すなわち、調停を経ないで、いきなり遺留分減殺請求訴訟又は遺留分侵害額請求訴訟が提起されたときは、裁判所の職権で、事件を家事調停に付さなければならないとされるが、裁判所が事件を調停に付することが相当でないと認めるときは、この限りでないとされている（家事257②）。

3 遺留分減殺請求訴訟・遺留分侵害額請求訴訟

遺留分減殺請求調停が不成立となった場合に、家事審判へ移行することはない。遺留分減殺は家事審判事項とはされていない（家事39・別表1・別表2）。

遺留分減殺調停で解決できなかった場合は、地方裁判所（又は簡易裁判所）における訴訟により解決を図ることとなる。

改正前民法下において、遺留分減殺請求権の性質は物権的形成権と解されていた（通説）。遺留分減殺請求権を行使する対象が不動産である場合には、減殺請求者は、直接に不動産の持分を取得することになるので、減殺請求者は、相手方に対し不動産持分移転登記請求を行使することができるとされていた。遺留分減殺請求権を行使する対象が債権である場合には、減殺請求する割合に応じた債権を取得するこ

とになるとされていた。

改正民法においては、遺留分減殺請求権は、遺留分侵害額請求権として金銭支払を求める請求権（債権）として構成されることとなった（改正民1046）。したがって、従来のように、遺産である不動産について、直接、不動産持分を取得することや、遺産である預貯金債権について、直接、減殺割合相当の預貯金部分を取得することは、できない扱いとされたものである。

4　預貯金についての遺留分権利者の権利行使方法等

改正前民法では、遺留分減殺請求権の性質は、物権的形成権と解されていた（通説）ので、預貯金について遺留分減殺請求権を行使すると、減殺された限度で、当該預貯金債権は遺留分減殺請求権利者に移転することとなる。

したがって、原則として、遺留分減殺請求権利者は、その限度で預貯金債権を取得することになるので、減殺された預貯金債権部分について、金融機関に対し、払い戻すよう請求する訴訟を提起することができるし、その支払請求を保全するために、金融機関に対し、遺留分減殺請求権利者以外の者への支払停止を求める仮処分請求もできることとなっていた。

なお、例外としては、相続分の指定のみがなされた遺言、あるいは、分割方法の指定として、割合的に遺産を相続させる遺言に対して遺留分が行使された場合には、遺留分減殺取戻分も遺産共有財産に含まれることとなり、遺留分権利を実現するためにはまず、分割協議又は分割審判が必要とされる。したがって、そのような場合には、分割協議又は、分割審判を経た上で遺留分権利者から金融機関に対し、権利行使を行うこととなる（片岡武＝菅野眞一編著『家庭裁判所における遺産分割・遺留分の実務』（日本加除出版、第3版、2017）533頁）。

改正民法では、遺留分減殺は、遺留分侵害額請求権という遺留分侵害者に対する金銭支払請求権（債権）と構成された。したがって、遺留分減殺請求権利者は遺留分侵害額請求権者として、直接に金融機関に対する預貯金債権を取得することはなく、遺留分侵害者に対し遺留分侵害額についての支払請求を行うことができるだけとなったものである。

仮に、金融機関に対し預貯金債権について遺留分侵害者への支払を停止させたい場合には、遺留分権利者は、遺留分侵害者に対する遺留分侵害額支払請求権という債権に基づいて、それにつき、債務名義を取得した上で遺留分侵害者が金融機関に対して有する預貯金債権を差し押えることが考えられる。また、その債務名義を取得する以前であって、遺留分侵害者が金融機関から預貯金債権の払戻しを受けると、遺留分権利者の権利の実現が困難となるおそれがある場合には、遺留分権利者が遺留分侵害者に対して有する遺留分侵害額請求権という債権を保全するために、遺留分侵害者が金融機関に対して有する預貯金債権を仮差押えするという手段をとることも考えられる（ただし、「保全の必要性」等の要件を満たす必要がある。）。

5　遺留分減殺請求の順序の指定

本件事案③において、被相続人は、遺言書において、「⑦Ｂが遺留分を行使する場合は、預金からまず行使すること」との記載をしている。

改正前民法1034条では、「遺贈は、その目的の価額の割合に応じて減殺する。ただし、遺言者がその遺言に別段の意思を表示したときは、その意思に従う」と定められている。したがって、原則としては、遺贈はその目的の価額の割合に応じて減殺することになるので、本事案では、5,000万円につき4分の1の遺留分減殺を行い、かつ、預貯金3,000万円についても、4分の1の遺留分減殺することになる。しかし、

遺言における別段の定めとして、預金3,000万円について、遺産全体8,000万円の4分の1である金2,000万円の全てを集中させて遺留分減殺をさせるよう定めることができる。

したがって、本事案では、遺留分減殺請求は、預金3,000万円について、全体の遺留分割合の額（8,000万円×1／4＝2,000万円）を集中して、減殺するべきこととなる。

なお、改正民法では、従来の1034条の定めは削除されている。これは、遺留分減殺請求が遺留分侵害額請求権という金銭債権として構成されたため、遺留分減殺請求の対象の順序を定める必要がなくなったことによるものである。したがって、改正民法において本事案③の「㋑Bが遺留分を行使する場合は、預金からまず行使すること」という記載は、その意味を失ったものと解される。すなわち、Bが遺留分減殺請求を遺留分侵害額請求として行使するときは、Aに対してAの保有する一般財産を引当てとして、支払請求をしていくことになる。したがって、遺留分減殺請求について株式や預金というような対象財産を限定する必要も、それらに減殺を順序付ける必要もなくなったものである。

6　参考判例

○最高裁平成10年2月26日判決（判時1635・55）

＜事案の概要＞

亡Aの相続人は、妻X、相続開始前に死亡した長男Bの子であるB₁、B₂、B₃、B₄、長女C、二女D、三女E、四女Y、五女Gの計10名である。

亡Aの遺言により相続人ら全員は遺産を相続し、又は遺贈を受けた。

しかし、Xの取得額は少なく、遺留分に満たなかった。Xは遺留分減殺請求権を行使し、（遺言により不動産を相続していた）Yに対して不動

産の共有持分権の確認及び持分移転登記を求める訴訟を提起した。

　なお、Y以外の共同相続人らとXとの間では、Xの遺留分を回復する合意が成立して、XとYに対する紛争のみが残されていた。

　原審は、遺贈等を受けた共同相続人は自らの遺留分の範囲内の取得額については遺留分減殺を受けず、各共同相続人は遺贈等を受けた額から遺留分の額を控除した額（超過額）について、その超過額の割合に応じて、減殺を受けるべきであるとして、Yに対して超過した割合に応ずる持分登記等をするよう命じた。Yはこれを不服として上告を申し立てた。

＜判　旨＞

　<u>相続人に対する遺贈が遺留分減殺の対象となる場合においては、右遺贈の目的の価額のうち、受遺者の遺留分額を超える部分のみが民法1034条にいう目的の価額に当たるものというべきである。</u>

　そして、特定の遺産を特定の相続人に相続させる趣旨の遺言による当該遺産の相続が遺留分減殺の対象となる場合においても、以上と同様に解すべきである。

＜解　説＞

　最高裁も、原審の判断を正当として、Yの上告を棄却したものである。

　上記最高裁の判断は、相続人に対する遺贈が遺留分減殺の対象となる場合においては、右遺贈の目的の価額のうち受遺者の遺留分額を超える部分のみが、改正前民法1034条にいう目的の価額に当たるということを明確に述べている。すなわち、受遺者の取得額が受遺者の遺留分額を下回る場合には、他の相続人からの遺留分減殺請求を受けないことを明示したものである。

　そして、受遺者の取得額が遺留分を上回る（超過する）場合には、その超過取得額の割合に応じて、衡平に遺留分減殺を受けることになるのである。

　それは、遺留分制度の趣旨からしても、十分に納得できるものといえる。

【11】 侵害された遺留分を請求するために侵害額を算定するケース

事　案

① 被相続人の相続人には、妻A、及び（前妻との間の）子Bがいる。

② 被相続人の遺産としては、預貯金1億円、不動産1,000万円、借入債務4,000万円がある。

③ 被相続人は、預貯金はAに、不動産はBに相続させると遺言していた。

④ BはAに対し、いくらの遺留分侵害額請求をすることができるか。

⑤ このときAが借入債務4,000万円全額を弁済したときはどうなるか。

1　遺留分の額

改正民法1043条は、「遺留分を算定するための財産の価額は、被相続人が相続開始の時において有した財産の価額にその贈与した財産の価額を加えた額から債務の全額を控除した額とする。」と定めている。

遺留分の基礎となる財産

1億円 ＋ 1,000万円 － 4,000万円 ＝ 7,000万円

遺留分の額（遺留分の帰属及びその割合については改正民法1042条に定めがある。）

B　7,000万円 × 1／2 × 1／2 ＝ 1,750万円

2　遺留分侵害額

改正民法1046条2項は、遺留分侵害額の算定について次のとおり定めている。

○民　法
（遺留分侵害額の請求）
第1046条
2　遺留分侵害額は、第1042条の規定による遺留分から第1号及び第2号に掲げる額を控除し、これに第3号に掲げる額を加算して算定する。
　一　遺留分権利者が受けた遺贈又は第903条第1項に規定する贈与の価額
　二　第900条から902条まで、第903条及び第904条の規定により算定した相続分に応じて遺留分権利者が取得すべき遺産の価額
　三　被相続人が相続開始の時において有した債権のうち、第899条の規定により遺留分権利者が承継する債務（次条第三項において「遺留分権利者承継債務」という。）の額

3　遺留分侵害額の算定（④についての回答）

相続で得た財産（改正民1046②二）

　　B　1,000万円

債務（改正民1046②三）（Bの承継債務は、法定相続分又は（指定相続分の定めがある場合には）指定相続分に応じた額となる。）

　　B　4,000万円 × 1／2 ＝ 2,000万円

遺留分侵害額

　　B　$\underset{1,750万円}{\overset{（改正民1042）}{}}$ － $\underset{1,000万円}{\overset{（改正民1046②二）}{}}$ ＋ $\underset{2,000万円}{\overset{（改正民1046②三）}{}}$

　　＝ 2,750万円

Bは、遺留分侵害額2,750万円について、Aに対し請求することができる。

4 債務弁済（⑤についての回答）

AがBが負担するべき債務2,000万円の部分についても引き受けて債務4,000万円全額を弁済した場合、AはBの上記の遺留分侵害額より、Bが負うべき債務額を弁済した限度で遺留分侵害額請求債務を消滅させることができる（改正民1047③）。

したがって、Bは、遺留分侵害額750万円について、Aに対し請求することができる。

（上記④の回答による額）　　　（引き受けて弁済した額）
遺留分侵害額2,750万円　−　債務弁済額2,000万円　＝　750万円

第2章 ケーススタディ 201

【12】 認知症の被相続人が預貯金を特定の相続人に相続させる遺言をしているケース

事 案

① 被相続人には相続人子Aと子Bがいたが、遺言を遺しており、遺言には、預貯金を含む全財産を子Aに相続させる旨記載されていた。

② しかしながら、遺言が作成された当時、被相続人は認知症であり、子Bとしては、被相続人が当時遺言能力を有していたかに関して、疑問を持っている。

③ 子Bとしてはどのような対応を取ることができるか。

---

1 事前調査

遺言は、遺言能力がなく作成された場合には無効となる（民963）。そして、認知症が進行し、自己の財産の管理・処分をする能力を有していない場合、遺言能力がないとして、遺言は無効になる。

遺言作成時の被相続人の認知症の程度やその他の病状を確かめるためには、被相続人が当時受診していた医療機関の医療記録や、入所していた介護施設の介護記録を取得することが必要である。

また、要介護認定を受けていた場合には、市区役所から要介護認定の記録（認定調査票、主治医意見書等）を取得する必要がある。

上記書類に関しては、医療機関や介護施設、市区役所に問い合わせの上、取得を請求する。相続人であれば、戸籍謄本等を提出すれば、開示に応じてくれるところも多いが、相続人全員の同意がないと、応じてくれないところもある。応じてくれない場合には、後記の訴訟に

おいて送付嘱託等の手段により取得するしかない。

　上記記録を取り寄せた上で、着目すべき点として、以下のような点がある。

① 医療記録

　⑦ 病気の診断

　④ 知能検査の点数、推移

　⑰ 投薬の状況

　㋓ 入院の有無

　㋔ 被相続人の様子

② 介護記録

　⑦ 生活の様子（被相続人に特異な行動などがなかったか）

　④ 被相続人の発言

③ 要介護認定申請に関する記録

　⑦ 主治医意見書の記載

　④ 要介護認定調査票のうち、認知機能、精神・行動障害の箇所及び特記事項

　また、上記記録を取り寄せた上で、不明な点を医療機関や介護施設に照会することも考えられるし、上記記録を基に、別の医師に意見書の作成を求めることもある。

　上記の他、当該遺言が公正証書遺言である場合には、作成した公証人に対して、作成経緯を照会することも考えられる。

2　遺言無効確認調停

　遺言無効確認請求事件は、家庭に関する事件であるため、まずは家事調停の申立てを行う必要がある（家事257①・244）。調停を経ないで訴えが提起された場合には、職権で家事調停に付される（家事257②）。

　ただし、相当でないと認めるときは、この限りではないとされてい

るため、調停の成立が見込めないような場合には、当初から後記の遺言無効確認請求訴訟を提起することも考えられる。

3 遺言無効確認請求訴訟

遺言が無効だと考えられる一方、相手方が遺言が無効であることを認めない場合、遺言無効確認請求訴訟を提起することになる。なお、相手方が被相続人の口座から不正な引き出しを行っていた場合などは、併せて不当利得返還請求訴訟を提起することもある。

上記のとおり、被相続人が認知症であり遺言能力がなかったことを原因として遺言無効確認請求訴訟を提起した場合、争点は、遺言作成時の被相続人の遺言能力になる。

そこで、原告としては、上記1の調査を基に取得した、医療記録や介護記録、要介護認定申請に関する記録その他を基に、遺言能力がなかったことを立証する必要がある。

なお、訴訟前に医療記録等の開示を受けることができなかった場合には、送付嘱託によって医療記録等の開示を受ける必要がある。

人証においては、当事者以外としては、公証人や医師などが考えられる。

4 判決後の手続

判決により、遺言が無効であることが確定された場合、遺産分割調停を申し立てて解決を図ることになる。

5 参考判例

以下、参考になる判例を掲げる。

① 東京地裁平成29年6月6日判決（判時2370・68）

原告と被告の父であるAが公正証書遺言をしたところ、遺言時に

Aの遺言能力が欠けていたとして、原告が、同遺言の無効確認を請求した事案である。Aは、本件遺言を行った当時、アルツハイマー型認知症により、その中核症状として、短期記憶障害が相当程度進んでおり、新たな情報を理解して記憶に留めておくことが困難になっていたほか、季節の理解やこれに応じた適切な服装の選択をすることができず、徘徊行動及び感情の混乱等も見られるようになっていたということができるから、その認知症の症状は少なくとも初期から中期程度には進行しており、自己の遺言内容自体も理解及び記憶できる状態でなかった蓋然性が高いといえるとされ、また、本件遺言の内容には、遺産分割協議、遺産分割調停又は遺産分割審判といった手続や更に共有物分割手続を経ても、これらの手続の中で分割する方法を具体化し、これを実現することは容易ではないといわざるを得ないと指摘され、本件遺言内容についてAが遺言を行う能力は欠けていたと評価すべきものであり、本件遺言は無効であるというべきであるとされた。

② 東京地裁平成28年8月25日判決（判時2328・62）

亡Aの相続人である原告らが、Aの公正証書による遺言における受遺者ないしその相続人である被告らに対し、Aの遺言能力の欠如を理由として、本件遺言が無効であることの確認を求めた事案である。

本件遺言当時のAは、医学的観点からはもとより、法的観点から見ても、遺言能力を欠いていたと認めるのが相当であるとされた。

第2章 ケーススタディ　　205

【13】 被相続人の債権者が被相続人の預貯金から債権を回収するケース

事　案

① 被相続人Aが死亡した。Aの相続人は子Bと子Cの2人であり、AはD銀行の普通預金500万円を有していた。

② Aの知人EはAに対して200万円の債権を有していた。また、D銀行はAに対して300万円の貸付債権を有していた。

③ EはAに対する200万円の債権をどうやって回収することができるか。

④ D銀行はAに対する300万円の貸付債権と普通預金500万円とを対当額で相殺することができるか。

1　相続債権者による相続預金への差押えの可否

被相続人が負担していた債務（金銭債務）は、被相続人の相続開始により、各共同相続人が各自の法定相続分に応じて分割承継することとなる（最判昭34・6・19民集13・6・757）。上記事案のEは、BとCに対し、それぞれ100万円の分割単独債権を有することとなる。

平成28年最高裁大法廷決定は、預金債権について、相続開始と同時に当然に相続分に応じて分割されることはないとし、遺産分割の対象となると判示し、これまでの判例解釈を変更した。同決定により、相続預金は、遺産分割がなされるまで、相続人全員の同意がない限り、共同相続人の一部による個別の権利行使は許されない状態となることから、それは遺産共有の状態に置かれ、共同相続人の準共有状態とな

ると解される（齋藤毅「共同相続された普通預金債権、通常貯金債権及び定期貯金債権は遺産分割の対象となるか」法曹時報69巻10号308頁以下（2017）参照）。つまり、各共同相続人は、被相続人が有していた預金について、法定相続分に応じた準共有持分を有することとなる。

　相続債権者は、被相続人の遺産に属する財産の全共有持分を差し押さえることが可能であるため、遺産に属する個々の財産を差し押さえることも可能である。遺産を構成する不動産の持分についての差押えが認めることからすれば（最判昭38・2・22民集17・1・235）、預金債権について各相続人が有している各自の準共有持分（持分割合は法定相続分による。）を差し押さえることも可能とされる。

　したがって、相続債権者Ｅは、預金についての共同相続人ＢＣが有している各自の準共有持分（上記事案の場合、各250万円に相当する持分）について、差押債権額の範囲で差押えができることとなる。

　金銭債権の準共有持分に対する強制執行については明文の規定がなく、預貯金の準共有持分の強制執行が「金銭の支払を目的とする債権」に対する強制執行（民執143）となるか、「その他の財産」に対する強制執行（民執167①）となるかは議論があるところ、東京地方裁判所民事執行センターでは、金銭の支払を目的とする債権に対する強制執行によることとしている（東京地方裁判所民事執行センター「共同相続された預貯金債権に対する強制執行」金融法務事情2083号44頁（2018））。

　差押えの対象及び差押えの効力が及ぶ範囲は、差押命令が第三債務者（事案の場合はＤ銀行）に送達されたときにおける預金残高のうち、法定相続分に相当する額（ただし、差押金額に満つるまで）となる。

2　相続債権者による相続預金の取立ての可否

　上記1のとおり相続債権者が相続預金について差押えが可能である

としても、更に取立てが認められるかについては議論がある。

　齋藤・前掲331頁は、被相続人の債権者は、共同相続人全員に対する債権（相続債務）の満足に充てるために、共同相続人全員の準共有持分を差し押さえてこれを取り立てることができるとしているものの、その論拠については述べられていない。この点につき、潮見佳男は、共同相続人全員の準共有持分を差し押さえたからといって、預貯金債権を差し押さえたことにはならないから、差押えをした相続債権者は、預貯金債権を取り立てることはできないとしている（潮見佳男『詳解相続法』（弘文堂、2018）166頁）。

　平成28年最高裁大法廷決定の解釈として、個別の権利行使の制約を受けるのは共同相続人であって、差押債権者や預入金融機関等の第三者の権利行使までが制限を受けるものとまで解する必要はないという立場をとると、準共有持分を差し押さえた差押債権者は、法定相続分で算定された額を取り立てることができると解されることとなる（山川一陽＝松嶋隆弘編著『相続法改正のポイントと実務への影響』（日本加除出版、2018）97頁）。

　他方、最高裁平成29年4月6日判決（判時2337・34）は、遺産分割前の共同相続人の一部による法定相続分額の払戻請求を棄却している。かかる解釈を差押債権者にそのまま当てはめれば、差押債権者が取立権を行使して預金債権の法定相続分額の払戻しを求めても、第三債務者である金融機関は、遺産分割未了を理由に支払を拒絶することができることとなる。この場合、潮見・前掲166頁によると、相続債権者としては、①預金債権の準共有持分が券面額を有するものと捉え、転付命令を得て、当該持分の移転を受けるか、②転付命令を認めない立場からは、譲渡命令や売却命令によるか（民執161①）、③共同相続人による遺産分割を待ち、預貯金債権について法定相続分での取得とは異なる遺産分

割がなされたときに、遺産分割前の差押債権者として民法909条ただし書による保護を受けることできることが考えられる。

なお、差押債権者の取立権を認めない立場においても、被相続人の債権者が債務者である共同相続人全員の準共有持分を差し押さえた場合は、転付命令又は譲渡命令を得て準共有持分を取得しなくても、取立権行使の制限はなくなり（合わせて1個の預貯金債権を差し押さえたことになり、遺産分割を待つまでもないことになる。）、預貯金債権の払戻しを受けることができるとしている（山川＝松嶋・前掲98頁）。

3　預金債権との相殺の可否

平成28年最高裁大法廷決定が出る前においては、預貯金債権は相続開始と同時に当然に法定相続分で分割承継されるとされていたため、相殺適状にあれば預入金融機関の被相続人に対する貸金債権（なお、債務は法定相続分で分割承継される。）と各共同相続人が法定相続分で分割承継した預金債権とを相殺することは当然可能とされていた。

ところが、平成28年最高裁大法廷決定により、預貯金債権は相続開始と同時に当然分割されるのではなく、遺産分割の対象となり、遺産分割がなされるまで、共同相続員全員の同意がない限り、相続人による個別の権利行使は許されないとされ、預貯金債権は共同相続人の準共有になるとされることとなった。そうすると、準共有状態にある預貯金債権と貸金債権とが相殺適状となり得るかが問題となる。

相殺を認める場合の理論構成は必ずしも明確にされていないが、預入金融機関としては、被相続人の預貯金債権と同人に対する貸金債権との相殺に強い期待を有しているところ、この期待が共同相続という事実によって害されることは不合理であり、また、相殺の担保的機能を重視する判例理論（最判昭45・6・24民集24・6・587）にもそぐわないこ

第2章　ケーススタディ　　　209

とから、相殺を認める見解が多数となっている（山川＝松嶋・前掲102頁）。

　相殺を認める見解によれば、Ｄ銀行としては、共同相続人Ｂ及びＣが法定相続分により分割承継した貸付金に係る分割単独債権（各150万円の貸金債務）の全体と、共同相続人全員が準共有する預貯金債権（500万円）とを、遺産分割前後を問わず、金融機関が相続人全員に対する意思表示によって対当額で相殺することができることとなる。

【14】 相続開始後に預金口座に入金された賃料の遺産分割方法が問題となるケース

> ### 事 案
>
> ① 被相続人Aは、賃貸アパートを所有しており、毎月合計40万円の家賃が被相続人の口座に振り込まれていた。
> ② 被相続人Aは、死亡し、その法定相続人は、長女Bと長男Cの2人である。
> ③ 長女Bは、長男Cの承諾なく、家賃の振込口座をB名義の預金口座に変更して、家賃を受領している。
> ④ Cが、家賃を取り戻すにはどうしたらよいか。

1 相続開始後の相続不動産の賃料の遺産性

相続開始後に発生する相続不動産の賃料は、遺産ではなく、原則として遺産分割の対象財産とはならないとするのが、これまでの判例である。

最高裁平成17年9月8日判決（民集59・7・1931）は、「遺産は、相続人が数人あるときは、相続開始から遺産分割までの間、共同相続人の共有に属するものであるから、この間に遺産である賃貸不動産を使用管理した結果生ずる金銭債権たる賃料債権は、遺産とは別個の財産というべきであって、各共同相続人がその相続分に応じて分割単独債権として確定的に取得するものと解するのが相当である。遺産分割は、相続開始の時に遡ってその効力を生ずるものであるが、各共同相続人がその相続分に応じて分割単独債権として確定的に取得した上記賃料債権の帰属は、後にされた遺産分割の影響を受けないものというべきであ

る。」と述べて、相続開始後遺産分割までの間に相続不動産から生じた賃料債権は、遺産ではなく、共同相続人がその相続分に応じて分割単独債権として確定的に取得すると判示した。

2 賃料を遺産分割の対象財産とする合意がある場合

しかし、遺産分割の調停・審判において、共同相続人間において、相続開始後遺産分割までの間に相続不動産から生じた賃料を、遺産分割の対象財産とする合意が成立した場合には、この賃料を遺産に含めて遺産分割調停・審判を成立させることができるとするのが実務である（片岡武＝菅野眞一編著『家庭裁判所における遺産分割・遺留分の実務』（日本加除出版、第3版、2017）169頁）。

そして、この実務と同様に、東京高裁昭和63年1月14日決定（家月40・5・142）は、「相続開始後遺産分割までの間に相続財産から生ずる家賃は、相続財産そのものではなく、相続財産から生ずる法定果実であり、……相続財産とは別個の共有財産であり、その分割ないし清算は、原則的には民事訴訟手続によるべきものである。但し、相続財産から生ずる家賃が相続財産についての持分と同率の持分による共有財産であり、遺産分割手続において相続財産と同時に分割することによって、別途民事訴訟手続によるまでもなく簡便に権利の実現が得られるなどの合理性があることを考慮すると、相続財産と一括して分割の対象とする限り、例外的に遺産分割の対象とすることも許容されるものと解すべきである。この場合、当事者の訴権を保障する観点から、相続開始後遺産分割までの間の家賃を遺産分割の対象とするには、当事者間にその旨の合意が存在することが必要であると解するのが相当である。」と述べる。

したがって、本事案においても、BとCにおいて、B名義の預金口座に振り込まれている家賃を遺産分割の対象に含める合意ができれ

ば、遺産分割調停・審判において、家賃の問題も一挙に解決すること
ができる。

3　不法行為又は不当利得返還請求訴訟

　家賃を遺産分割の対象に含める合意ができない場合、あるいは、遺
産分割協議が成立するまでの間は、CはBに対し、その相続分の侵害
として、家賃の相続分に相当する額の請求をすることができる（大阪高
判平元・9・27判タ718・196ほか多数）。

　この場合に、法律構成としては、不法行為又は不当利得が考えられ
る。

　そして、裁判例としては、不当利得構成が大半を占めるといわれて
いる。

　その理由としては、「不当利得構成の場合には、故意・過失の要件を
主張立証する必要がなく、基本的には、被告が賃料を取得し得る権原
があることを主張せず、そのことが争点とならない限りは、原告にお
いて、被告が自己の相続分を超えて原告が取得すべき賃料を受領した
事実を主張立証すれば足りるので、原告にとっては、主張立証が容易
であると考えられる。」と指摘されている（東京地方裁判所プラクティス委
員会第二小委員会「相続開始後の相続財産（不動産）の管理・使用に関する相続人
間の訴訟をめぐる諸問題(2)」判例タイムズ1392号5頁（2013））。

4　家賃から控除できる経費

　CがBに対して、家賃の相続分に相当する部分の返還請求をした場
合に、当該不動産の管理費用等は、CとBが相続分に従って負担する
ことになる。この管理費用の負担根拠としては、判例上は、共有物に
関する負担の規定である民法253条1項、事務管理、不当利得がある。

　不動産の管理費用として通常認められる主な費目には、以下のもの

がある。
① 固定資産税、都市計画税
② 維持費、管理費、修繕費等
③ 損害保険料
④ 建物の場合の地代

5 相続開始後に被相続人の預金口座に振り込まれた家賃の分割方法

　被相続人の死亡後も、従来どおり被相続人の預金口座に、賃借人から家賃が振り込まれている場合がある。

　この場合の家賃の処理については、現在明確な判例は存しない。

　この点について、平成28年最高裁大法廷決定の鬼丸裁判官の補足意見は、「多数意見が述べるとおり、上記各債権は、口座において管理されており、預貯金契約上の地位を準共有する共同相続人が全員で預貯金契約を解約しない限り、同一性を保持しながら常にその残高が変動し得るものとして存在するのであるから、相続開始後に被相続人名義の預貯金口座に入金が行われた場合、上記契約の性質上、共同相続人は、入金額が合算された1個の預貯金債権を準共有することになるものと解される。そうすると、被相続人名義の預貯金債権について、相続開始の残高相当額部分は遺産分割の対象となるがその余の部分は遺産分割の対象とならないと解することはできず、その全体が遺産分割の対象となるものと解するのが相当である。」と述べている。

　また、この平成28年最高裁大法廷決定についての調査官解説も「代償財産や相続開始後に相続財産から生じた果実が被相続人名義の普通預金等の口座に入金された場合も、これらの入金額が合算された預貯金債権が遺産分割の対象となる。代償財産や果実については、共同相続人全員の合意がない限り遺産分割の対象とならないとする旨の判例

等があるが、金銭債権である代償財産や果実（売買代金や賃料等）が遺産とは別個の財産であるから原則として遺産分割の対象とならないということと、預貯金契約の効力により相続開始後の入金額が合算された1個の預貯金債権が遺産分割の対象となるということとは矛盾しない。」と述べている（齋藤毅「共同相続された普通預金債権、通常貯金債権及び定期貯金債権は遺産分割の対象となるか」法曹時報69巻10号333頁（2017））。

　これらの見解によれば、被相続人死亡後に被相続人の口座に入金された家賃は、遺産として遺産分割の対象財産となるとの考えが有力といえるであろう。

【15】　遺言執行者が預貯金や投資信託の解約・払戻しを請求するケース

> ## 事　案
>
> ①　被相続人の相続人は、妻A及び子B、Cの計3名である。
>
> ②　被相続人は、「不動産はAに、銀行に預けている預金と投資信託はA、B、Cに各3分の1ずつ相続させる。遺言執行者をAと定める」との遺言をしていた。
>
> ③　Aは、銀行に対し預金と投資信託の解約・払戻しを請求することができるか。預金と投資信託とで取扱いが異なるか。

1　改正民法1014条2項・3項の定め

　改正民法1014条2項は、「遺産の分割の方法の指定として、遺産に属する特定の財産を共同相続人の一人又は数人に承継させる旨の遺言（以下「特定財産承継遺言」という。）があったときは、遺言執行者は、当該共同相続人が第899条の2第1項に規定する対抗要件を備えるための必要な行為をすることができる。」と定めている。

　また、改正民法1014条3項は、「前項の財産が預貯金債権である場合には、遺言執行者は、同項に規定する行為のほか、その預金又は貯金の払戻しの請求及びその預金又は貯金に係る契約の解約の申入れをすることができる。ただし、解約の申入れについては、その預貯金債権の全部が特定財産承継遺言の目的である場合に限る。」と定めている。これらは、改正民法において、特定財産承継遺言がなされた場合の遺言執行者の権限について、明確化を図ったものと言われている。

2 遺言執行者と預貯金債権の払戻し・解約申入れ

上述のとおり、改正民法1014条3項は、預貯金債権について特定財産承継遺言がなされている場合に、遺言執行者には、預貯金の払戻しの請求や解約申入れをする権限が与えられていることを明定しているものである。

（改正前である）従前においても、遺言で、遺言執行者の権限として、預貯金債権についての払戻し、解約等について明確に定められていれば、問題が生じなかったが、遺言執行者の指定のみがなされ、その権限についての定めのない場合は、払戻しや解約についてまで遺言執行者の権限が及ぶのかについては、争いの生じる余地があったものである。

改正民法においては、預貯金債権において特定財産承継遺言がなされた場合、遺言執行者に払戻し、解約申入れの権限があることが明確となった（改正民1014③）。

3 遺言執行者と投資信託の払戻し・解約申入れ

改正民法において、投資信託について遺言執行者に払戻し、解約申入れの権限が与えられるかについては、明確な定めはなされなかった。すなわち、改正民法1014条3項は、預貯金債権の払戻し・解約についての定めであり、投資信託についての明記はなされていないものである。

これは、遺言における遺言者の意思解釈の問題に委ねるとして、改正民法は、明確な条文化を回避したものである。よって、遺言執行者から銀行に対して投資信託について解約・払戻しの請求がなされた場合に、銀行は、遺言における遺言者の意思解釈として、遺言執行者に投資信託についての解約・払戻しの権限が与えられているものと認め

て、その解約・払戻しに応じることも充分に可能である。すなわち、遺言において、遺言執行者の権限として、投資信託についての解約・払戻しをすることができる旨が定められていれば、銀行は遺言執行者からの投資信託の解約・払戻しの請求に当然に応じてよいし、あるいは、必ずしも、投資信託の解約・払戻しについての権限付与について明示されていなくても、遺言書の解釈として遺言執行者の権限として投資信託の解約・払戻しについても黙示に包含していると見られる場合には、銀行として、それらの請求に積極的に応じて行って差し支えないものと考えられる。

4　預貯金の全部あるいは一部についての解約申入れ

　改正民法1014条3項ただし書は、「ただし、解約の申入れについては、預貯金債権の全部が特定財産承継遺言の目的である場合に限る。」と定めている。

　これは、遺言において、預金2,000万円のうち300万円について、相続人Bに相続させるというように、特定財産承継遺言のうち一部についてのみ「相続させる」旨を定めている場合には、遺言執行者としては預金全部の解約をすることはできずに、300万円という預金の一部についての払戻しのみができるということを定めたものである。

　本件の事案においては、預貯金債権全体について特定財産承継遺言がなされており、その配分が相続人A、B、Cに各3分の1ずつとなるものである。改正民法1014条3項ただし書によっても、本件事案においては、預貯金債権の全部が特定財産承継遺言の目的となっているといえるので、遺言執行者による解約申入れについて、特段の制限を受けるものではない。したがって、遺言執行者としては、預貯金債権の

全部について解約の申入れをすることができるものと解される。

5 預貯金・投資信託の名義変更

　なお、預貯金・投資信託について、特定の相続人1名に相続させる旨の特定財産承継遺言がなされていた場合、遺言執行者としては、その受遺者の意思に従い、預貯金・投資信託の解約・払戻しに代えて（当然、受遺者の協力を得た上で）、受遺者への名義変更を行うこともできるものと解されている。

索　引

220

事 項 索 引

【い】

ページ

遺言
　——と異なる遺産分割協議　79
　——に不備がある場合　80
　——の効果　27
　遺産分割を禁止する内容の
　——　80
遺言執行　34
遺言執行者　75, 79
　142, 215
遺言無効確認請求訴訟　203
遺言無効確認調停　202
遺産確認訴訟　133, 174
遺産の一部分割　135
遺産分割協議
　遺言と異なる——　79
遺産分割協議書　52, 61
遺産分割審判　52, 62
　63
遺産分割調停　174
遺産分割手続の要請　22
遺産分割方法の指定　27
遺産分割を禁止する内容の遺
　言　80
意思表示を介さない引出権限　98
医師への謝礼　97
遺贈　28
一部相続人からの貸金庫開扉
　請求　38

遺留分減殺請求
　——の意思表示　192
　——の順序の指定　195
遺留分減殺請求権　39
遺留分減殺請求訴訟　193
遺留分減殺調停　193
遺留分侵害額　199
遺留分侵害額請求訴訟　193
遺留分侵害額請求の意思表示　192
遺留分侵害額調停　193
遺留分制度　39
医療記録　202
印鑑登録証明書　73

【う】

受取物引渡義務　89

【か】

介護記録　202
開示請求
　裁判所の送付嘱託による——　147
　残高証明書の——　138
　取引履歴の——　138
　払込伝票等の——　139
　振込依頼書の——　139
　弁護士会照会による——　146

事項索引

解約払戻し	36
解約申入れ	
投資信託の——	216
預貯金債権の——	216
貸金庫開扉	36
一部相続人からの——請求	38
可分債権	16,19
仮分割仮処分	135
関与否認型	92

【き】

記名式定期預金	116
客観説	111
共同相続人に係る不動産	26
金融機関が相続債権者である場合	58

【け】

計数上の分割説	19
限定承認	57
検認済証明書	72

【こ】

合意説	19
後見人	178
更正処分	167
抗弁説	156

戸籍謄本（全部事項証明書）	49,73
国家賠償請求訴訟	181
婚姻費用	
夫婦の——	98
混合契約	
消費寄託と委任又は準委任契約の——	15

【さ】

再転相続	66
裁判所の送付嘱託による開示請求	147
残高証明書の開示請求	138

【し】

死因贈与	80
死後事務	
成年後見人の——	69
事実実験公正証書	38
施設入居	97
事前調査	173
使途不明金の推定	152
使途不明金問題	3,85
——の訴訟	102
自筆証書遺言	80
指名債権の特定遺贈	28
受遺者	42,74
受益相続人	70,77
主観説	112

事項索引　　223

授権
　個別的な——　　　　　　　　96
　包括的な——　　　　　　　　95
受贈者　　　　　　　　　　　　42
承諾
　個別的な——　　　　　　　　96
　包括的な——　　　　　　　　95
消費寄託
　——と委任又は準委任契約
　　の混合契約　　　　　　　　15
消費寄託契約　　　　　　　　　15
消費寄託説　　　　　　　　　　 9
親族後見人　　　　　　　　　179

【せ】

生活費　　　　　　　　　　　　97
請求原因説　　　　　　　　　156
成年後見人　　　　　　　　　　68
　——の死後事務　　　　　　　69
折衷説　　　　　　　　　　　112

【そ】

葬儀費用　　　　　　　　　　　96
「相続させる」遺言　　　　　　31
相続税申告　　　　　　　　　167
相続不動産の賃料　　　　　　210
相続分
　——の指定　　　　　　　　　27
　——の譲渡　　　　　　　59,60

　——の放棄　　　　　　　　　59
　——を指定する遺言　　　　　31
相続分譲渡証書　　　　　　　　61
相続分放棄証書　　　　　　　　61
相続法改正後
　——の遺産分割　　　　　　160
　——の取扱い　　　　　　　165
　——のみなし遺産確認訴訟　161
相続法改正前
　——の遺産分割　　　　　　159
　——の取扱い　　　　　　　163
相続放棄　　　　　　　　　　　55
相続預金
　——の取立て　　　　　　　206
　——への差押え　　　　　　205
贈与資金　　　　　　　　　　　97
損害　　　　　　　　　　　　　90
損失　　　　　　　　　　　　　90

【た】

代襲相続　　　　　　　　　　　66

【ち】

調停調書謄本　　　　　　　　　52
賃料　　　　　　　　　　　　　26

【て】

定期貯金債権の性質　　　　　　22

【と】

投資信託
　——の解約申入れ　216
　——の払戻し　216
　——の名義変更　218
特定遺贈　27,28
　　　　　　30
特定財産承継遺言　31,184
特別受益証明書　60
取引履歴の開示請求　138

【に】

二重の共有説　19
認証文付法定相続情報一覧図
　の写し　50

【は】

賠償請求　100
払込伝票等の開示請求　139
払戻し
　投資信託の——　216
　預貯金債権の——　216
払戻金の使途　98
払戻請求　47

【ひ】

引出権限
　意思表示を介さない——　98

【ふ】

不在者財産管理人　62,63
普通預金　117
普通預貯金債権の性質　22
不当利得　88,155
不当利得返還請求　155
不当利得返還請求訴訟　154
不服申立手続　167
不法行為　87,155
　——に基づく損害賠償請求
　　訴訟　154
振込依頼書の開示請求　139
分割債権説　16,25
分割対象除外説　19,25
文書送付嘱託への回答義務　147

【へ】

返還請求　100
便宜払い　52
弁護士会照会
　——による開示請求　146
　——への回答義務　146

事項索引

【ほ】

包括遺贈	27, 29
補充遺言	78
補助主張型	93
本人交付型	94

【み】

未成年の子	64
みなし遺産確認の訴え	109
民法の改正	4

【む】

無記名定期預金	112
無断払戻し	84, 103
無名契約説	9

【め】

名義変更	36
投資信託の――	218
預貯金の――	218
名義預金	111, 170

【ゆ】

行方不明	61

【よ】

要介護認定申請に関する記録	202
預金口座と預金債権の区分説	11
預金債権	
――との相殺	208
――の法的性質	12
預金者死亡の場合の銀行実務	16
預貯金	
――の種類	48
――の性質	22
――の相続	3
――の調査	151
――の特定	82
――の引出権限	94
――の引出行為	92
――の名義変更	218
預貯金解約後の請求	144
預貯金債権	20
――の遺産分割の基準時	25
――の解約申入れ	216
――の払戻し	216
――を取得しない相続人	141

【り】

利益相反行為	65

【わ】

枠契約説	11

判例年次索引

月日	裁判所名	出典等	ページ
【大正5年】			
11.8	大 審 院	民録22・2078	28
【大正10年】			
5.30	大 審 院	民録27・983	28
【昭和29年】			
4.8	最 高 裁	判タ40・20	17,25
4.8	最 高 裁	民集8・4・819	85
【昭和32年】			
12.19	最 高 裁	民集11・13・2278	113
【昭和33年】			
7.4	東 京 家	家月10・8・36	96
【昭和34年】			
6.19	最 高 裁	民集13・6・757	205
【昭和35年】			
8.31	大阪家堺支	家月14・12・128	96

月日	裁判所名	出典等	ページ
【昭和38年】			
2.22	最 高 裁	民集17・1・235	206
【昭和40年】			
5.6	福 岡 高	家月17・10・109	96
【昭和41年】			
7.1	大 阪 高	家月19・2・71	65
7.14	最 高 裁	民集20・6・1183	39,40
【昭和42年】			
4.12	盛 岡 家	家月19・11・101	96
【昭和44年】			
1.29	京 都 地	判タ233・117	58
【昭和45年】			
6.24	最 高 裁	民集24・6・587	208
【昭和48年】			
3.27	最 高 裁	民集27・2・376	113,114

判例年次索引

月日	裁判所名	出典等	ページ
【昭和49年】			
4.26	最 高 裁	民集28・3・540	28,30,75
9.17	大 阪 高	家月27・8・65	96
【昭和52年】			
8. 9	最 高 裁	民集31・4・742	116
【昭和54年】			
2.22	最 高 裁	裁判集民126・129	86,103
【昭和56年】			
8. 3	東 京 地	家月35・4・104	81
【昭和57年】			
3. 4	最 高 裁	民集36・3・241	39,41
3.30	最 高 裁	金法992・38	116
【昭和58年】			
7.28	東 京 高	金法1054・46	37
【昭和59年】			
7.12	東 京 地	判時1150・205	96
12.21	最 高 裁	裁判集民143・503	89,156

月日	裁判所名	出典等	ページ
【昭和61年】			
1.28	東 京 地	家月39・8・48	96
3.13	最 高 裁	民集40・2・389	109
【昭和63年】			
1.14	東 京 高	家月40・5・142	211
【平成元年】			
9.27	大 阪 高	判タ718・196	212
【平成3年】			
4.19	最 高 裁	民集45・4・477	31,32,71
11.19	最 高 裁	民集45・8・1209	91
【平成4年】			
9.22	最 高 裁	金法1358・55	15
【平成6年】			
1.17	東 京 地	判タ870・248	96
7.29	東 京 地	金法1424・45	10
【平成7年】			
3.29	東 京 高	金法1424・43	10

月日	裁判所名	出典等	ページ

【平成9年】

| 7.25 | 東 京 地 | 判タ971・167 | 59 |

【平成10年】

| 2.26 | 最 高 裁 | 判時1635・55 | 196 |

【平成11年】

1.25	東 京 地	判時1701・85	181
5.18	東 京 高	金判1068・37	143
11.29	最 高 裁	民集53・8・1926	36

【平成12年】

| 2.24 | 最 高 裁 | 民集54・2・523 | 18 |
| 5.25 | 広 島 高 | 判時1726・116 | 146 |

【平成13年】

| 6.28 | 東 京 地 | 判タ1086・279 | 79 |

【平成14年】

2.22	東 京 地	家月55・7・80	76
6.10	最 高 裁	家月55・1・77	184
6.10	最 高 裁	裁判集民206・445	71

【平成15年】

| 2.21 | 最 高 裁 | 民集57・2・95 | 117,118 |
| 4.23 | 東 京 高 | 金法1681・35 | 36,76 143 |

【平成16年】

| 4.20 | 最 高 裁 | 判時1859・61 | 17,20,25 |

【平成17年】

| 9. 8 | 最 高 裁 | 判時1913・62 | 26 |
| 9. 8 | 最 高 裁 | 民集59・7・1931 | 210 |

【平成18年】

| 6.16 | 高 松 高 | 判タ1277・401 | 130,131 |
| 6.16 | 高 松 高 | 判時2015・60 | 134 |

【平成19年】

| 5.31 | 東 京 地 | 税資257・111 (順号10720) | 122 |

【平成20年】

| 10.17 | 東 京 地 | 税資258・195 (順号11053) | 124,126 170 |

【平成21年】

| 1.22 | 最 高 裁 | 判時2034・29 | 10,11 151 |
| 1.22 | 最 高 裁 | 民集63・1・228 | 16,138 140,141 142,143 |

月日	裁判所名	出典等	ページ

【平成22年】

| 10. 8 | 最 高 裁 | 民集64・7・1719 | 128,134 176 |

【平成23年】

| 2.22 | 最 高 裁 | 民集65・2・699 | 77 |
| 8. 3 | 東 京 高 | 金法1935・118 | 144 |

【平成24年】

1.25	東 京 地	判時2147・66	76
1.25	東 京 地	金判1400・54	36
3.29	名古屋高	平23(ネ)968	96

【平成26年】

| 12. 5 | 大 阪 家 | 金判1508・22 | 21 |

【平成27年】

| 3.24 | 大 阪 高 | 金判1508・21 | 21 |

【平成28年】

| 8.25 | 東 京 地 | 判時2328・62 | 204 |
| 12.19 | 最 高 裁 | 判時2333・68 | 4,5,11 15,20,21 23,25,26 44,45,47 48,52,53 86,103 104,130 131,132 134,176 177,205 207,208 213 |

【平成29年】

1.16	松 江 地	賃社1707・30	182
4. 6	最 高 裁	判時2337・34	25,207
4. 6	最 高 裁	裁判集民255・129	48
4.27	東 京 高	訟月63・11・2339	181,182
6. 6	東 京 地	判時2370・68	203

【平成30年】

| 9.20 | 大 阪 高 | 平30(ネ)329・ 平30(ネ)1160 | 181,183 |

法律家のための
相続預貯金をめぐる実務

令和元年10月17日　初版一刷発行
令和元年12月25日　　三刷発行

編　集　本橋総合法律事務所
発行者　新日本法規出版株式会社
代表者　星　　謙一郎

発 行 所	**新 日 本 法 規 出 版 株 式 会 社**	
本　　社	（460-8455）	名古屋市中区栄 1 － 23 － 20
総轄本部		電話　代表　052(211)1525
東京本社	（162-8407）	東京都新宿区市谷砂土原町 2 － 6
		電話　代表　03(3269)2220
支　　社	札幌・仙台・東京・関東・名古屋・大阪・広島	
	高松・福岡	
ホームページ	https://www.sn-hoki.co.jp/	

※本書の無断転載・複製は、著作権法上の例外を除き禁じられています。＊
※落丁・乱丁本はお取替えします。　　　　　ISBN978-4-7882-8629-0
5100088　相続預貯金　　　©本橋総合法律事務所 2019 Printed in Japan